2 —

L'UNIVERS DES

LOUPS

Loup au repos

VICTORIA HURST, FIRST LIGHT

AU VERSO: *Le chant du loup*

DANIEL J. COX

L'UNIVERS DES LOUPS

Portrait intime

CANDACE SAVAGE

ÉDITIONS DU TRÉCARRÉ

L'édition originale de cet ouvrage a paru en anglais sous le titre *The Nature of Wolves, An Intimate Portrait.*

© **Copyright Candace Savage, 1996**

© Copyright sur les photographies par Candace Savage, 1996

Photographie du recto de la jaquette : Daniel J. Cox
Photographie du verso de la jaquette : Alan et Sandy Carey
Conception de la jaquette et du livre : DesignGeist

DONNÉES DE CATALOGAGE AVANT PUBLICATION (CANADA)

Savage, Candace, 1949-
    L'Univers des loups : portrait intime

    (L'Univers)
    Traduction de : The Nature of Wolves.
    Publ. antérieurement sous le titre : Le Loup. © 1988.
    Comprend des réf. bibliogr. et un index.

    ISBN 2-89249-665-9

    1. Loup. 2. Loup — Ouvrages illustrés. I. Titre. II. Titre : Le Loup. III. Collection : L'univers (Saint-Laurent, Île-de-Montréal), Québec.

QL737.C22S3814 1996   599.74'442   C96-940596-0

Les éditeurs ci-dessous ont accordé l'autorisation de faire des emprunts à :
Hunters in the Barrens: The Naskapi on the Edge of the White Man's World. © Copyright 1973 par Georg Henriksen. Reproduit avec la permission de l'université Memorial de Terre-Neuve. Ainsi qu'à *Plenty-Coups. Chief of the Crows* par Frank B. Linderman. © Copyright 1930 par Frank B. Linderman. © Copyright renouvelé par Norma Linderman Waller, Verne. Reproduit avec la permission de HarperCollins Publishers. Sans oublier *A Naturalist in Alaska* d'Adolph Murie. © Copyright 1961 par Devin-Adair Publishers, Inc., Old Greenwich, Connecticut 06870. Reproduit avec la permission de l'éditeur. Tous droits réservés.

L'éditeur tient à exprimer sa reconnaissance à l'égard du Conseil des arts du Canada et du ministère du Tourisme, des P.M.E. et de la Culture de la Colombie-Britannique.

© Éditions du Trécarré 1996, pour l'édition française.

Traduction : Raymond Roy
Réviseure : Marie-Rose Vianna

ISBN : 2-89249-665-9
Dépôt légal : 2ᵉ trimestre 1996
Bibliothèque nationale du Québec
Imprimé et relié en Chine par Mandarin Offset.

À Diana

TABLE DES MATIÈRES

REMERCIEMENTS

Depuis sa parution en 1988, ce livre a connu un accueil chaleureux dans le monde entier auprès des amis du loup. J'ai donc été remplie de joie lorsqu'on m'a demandé d'en préparer une version révisée et mise à jour, et de réunir une nouvelle collection de photographies sur le sujet.

Au cours de la préparation de ces deux ouvrages, j'ai contracté une dette énorme envers les milliers de chercheurs qui, par leur travail acharné, ont enrichi la substance de ces pages. Les noms de quelques-uns d'entre eux figurent dans la liste des ouvrages de référence mentionnés à la fin du livre. Je tiens à exprimer ma vive reconnaissance à Douglas Heard et Mark Williams qui m'ont non seulement donné accès à leurs bibliothèques de recherche et révisé les premières ébauches de mes manuscrits, mais m'ont en outre permis de survoler une grande partie du Canada septentrional. Ils m'ont également servi de guides et de compagnons au cours de l'exploration de la tanière décrite au chapitre 1.

J'ai également tiré un grand profit de la généreuse contribution de spécialistes tels que Lu Carbyn, Paul Paquet, Christoph Promberger et Jenny Ryon, qui ont fait l'impossible pour me fournir des données à jour. Les différentes versions du texte ont été relues par Lu Carbyn, L. David Mech, Jenny Ryon, Marilyn Sacks et Shelley Tanaka, qui y sont tous allés de leurs précieuses suggestions pour le plus grand bien de l'ouvrage.

La réalisation de cette réédition doit beaucoup à l'apport de ma nièce Tamara Hartson et de ma fille, Diana Savage, ainsi qu'à la collaboration de mon amie Rebecca Grambo qui s'est chargée de faire une première sélection de photographies. Tirant notre inspiration des animaux observés, nous avons travaillé dans un esprit de bonne humeur et d'efficacité. Je tiens donc à remercier toutes ces personnes pour leur soutien, leur compétence et leur enthousiasme.

CI-CONTRE : *Premier printemps.*
ALAN ET SANDY CAREY

PAGES X-XI : *Rivage enneigé.*
STEPHEN J. KRASEMANN,
VALAN PHOTOS

PAGE VIII : *Selon Ernest Thompson Seton (1909), un loup est « un gros chien sauvage qui chasse pour se nourrir, laisse sa marque sur les arbres ou les rochers ; amical et sans méfiance, il exprime sa joie en agitant la queue ou en hurlant à la lune ».*
TOM ET PAT LEESON

Chapitre 1 **LA MAGIE DU LOUP**

Un paysage primitif et nu s'offrait à nos yeux. À l'est, une pente rocheuse descendait vers une large plaine, regorgeant de cerises d'ours et de lichens, parsemée de lacs bleu pâle. On était en août et la terre vibrait sous la chaleur.

Nous étions quatre — trois biologistes et moi — tous de Yellowknife, dans la zone subarctique canadienne. Pour parvenir à cet endroit magique, nous avions dû voler pendant une heure en avion de brousse, puis progresser péniblement à travers la toundra. Nous nous intéressions à la vallée située plus bas, en particulier à une arête sablonneuse en travers du paysage. Par des observations précédentes, nous savions que des loups avaient l'habitude de s'y arrêter bon an mal an depuis au moins vingt ans. Cette année, ils y étaient.

Ils étaient 13, 7 adultes et 6 louveteaux, un nombre inhabituel en pleine toundra. Jour après jour, des adultes entraient et sortaient de la tanière, pareils à des fantômes. Quelques-uns, affalés sur le sable chaud, agitaient les oreilles pour chasser les moustiques. L'instant d'après, l'un d'eux disparaissait pour réapparaître une heure ou une semaine plus tard. Parfois, on voyait sortir de la tanière un petit louveteau ébouriffé en quête d'un coin d'ombre pour y faire la sieste.

La vallée bourdonnait d'insectes. Petit à petit, l'anxiété nous gagnait. Pourquoi les adultes qui revenaient vers les louveteaux ne rapportaient-ils jamais de viande? Nous savions que les troupeaux de caribous les plus proches pouvaient se trouver à une semaine de marche au nord. Le paysage était desséché et figé; un oiseau pépiait, isolé, un spermophile égaré vagissait. Que pouvaient bien manger les loups? Comment s'expliquait leur léthargie? Et pourquoi les louveteaux pénétraient-ils un beau jour dans la tanière pour ne plus en ressortir?

Quelques jours plus tard, nous découvrîmes un indice — le cadavre d'un louveteau, aux yeux bleus, soigneusement éventré par un des adultes et enfoui sous la mousse sur la rive d'un lac. Nous sûmes alors que la famine avait son propre code, impitoyable. L'année d'après, les caribous s'approcheraient certainement de la tanière et les loups pourraient s'en régaler. L'année suivante, les adultes survivants s'apprêteraient à se reproduire de nouveau. Cette année-là, d'autres biologistes auraient peut-être de bonnes raisons de se réjouir de leurs observations.

CI-CONTRE: *Le loup gris mexicain, une sous-espèce en danger.*
TOM ET PAT LEESON

LA VIE ET LA MORT

Force est d'admettre que les loups ont une aptitude remarquable pour la survie. Ils sont encore en train de parcourir les forêts et la toundra de l'hémisphère Nord. Ils chassent et jouent, se nourrissent et se reposent, se reproduisent et meurent tout comme leurs ancêtres l'ont fait depuis des millions d'années. Sans doute y a-t-il plus de loups actuellement que par le passé. Leur nombre s'accroît en certaines parties du monde, dont les montagnes de l'Italie et de la Pologne, dans les bois de la Russie et de l'Allemagne de l'Est, les forêts d'épinettes du Minnesota, du Michigan et du Wisconsin, dans les vallées accidentées de l'Idaho, du Montana, de l'Alberta et du sud de la Colombie-Britannique. En 1986, au Canada, la fois où une louve s'est réfugiée dans le parc national Glacier pour y élever sa portée (une première dans cette région en 50 ans), on a crié au miracle. Cette anecdote ainsi que la réapparition de loups en d'autres régions, témoignent non seulement de la résistance de ces animaux, mais aussi de leur attachement à la race humaine.

Il n'en a pas toujours été ainsi. Il y a quelques décennies, des gens par ailleurs sensés s'appliquaient à exterminer les loups, non à les protéger. À l'époque, l'annonce d'une hausse de la population de loups n'aurait certes pas réjoui l'opinion publique. On aurait poussé les hauts cris et réclamé l'utilisation de pièges, de poison et de fusils avec le mot d'ordre : « Mort aux loups ! » Le but d'une telle croisade aurait été l'éradication de l'espèce.

Le loup gris, en latin *Canis lupus*, a déjà été l'un des mammifères terrestres les plus répandus dans les forêts, les déserts et les plaines de l'hémisphère Nord. De nos jours, cette espèce est éteinte ou presque disparue de la quasi-totalité de l'aire de distribution originelle, et les tentatives de repeuplement, bien qu'elles nous rassurent, ne peuvent changer grand-chose à cet état de fait. De la Scandinavie au Portugal, de l'Italie à Israël et de l'Iran au Népal, seules survivent de rares meutes dispersées. Les quelques centaines de loups Apennins qui s'y multiplient se nourrissent la plupart du temps des détritus de décharges publiques. Dans la péninsule ibérique, une population évaluée à deux ou trois milliers d'individus se maintient malgré l'élimination progressive des troupeaux de chevreuils et de cerfs rouges jadis abondants. De nos jours, ces loups dévorent des vaches et des moutons, mais ingurgitent aussi du plomb et du poison laissé à dessein par les bergers et les éleveurs de bétail.

En Eurasie, les populations stables de loups fréquentent certaines régions d'Europe de l'Est, de Russie et de Mongolie. Personne ne connaît le nombre de survivants. Au Canada, où l'espèce a perdu presque un sixième de son territoire d'antan, on dénombre environ de 50 à 60 000 individus. (Les loups ont disparu de l'extrême sud du pays et des provinces

CI-CONTRE : *Qu'ils aient le pelage blanc pur ou d'un noir profond, ces loups sont tous de la même espèce :* Canis lupus, *le loup gris.* SCOT STEWART

Maritimes.) Il reste probablement de 4 à 8 000 loups en Alaska. Dans d'autres régions de l'Amérique du Nord, leur recensement est facilité par leur petit nombre. Environ 2 000 loups prospèrent dans la partie nord du Minnesota — il s'agit de la seule population de loups dans les États contigus. Ailleurs, leur nombre est très faible : de 50 à 60 dans le Wisconsin et dans le Michigan, environ autant dans les États du Montana et de l'Idaho réunis, enfin quelques individus dans les États de Washington, du Wyoming et dans les deux Dakota. Dans les États situés plus au sud, l'espèce a virtuellement disparu.

Partout où les loups se sont éteints, la seule cause en jeu est leur persécution par l'être humain, aggravée par la destruction de l'habitat naturel de l'animal et, encore de nos jours, dans la plupart des populations de loups, c'est l'homme qui est le principal agent de mort. Que nous en ayons conscience ou non, notre monde est habité par une autre espèce de loup qui vit uniquement dans l'esprit de l'homme, une bête obscure, à demi démoniaque, qui sommeille dans les ténèbres de notre inconscient. Pendant trop longtemps, cette créature fictive a réussi à nous persuader que c'était elle, le vrai loup. C'est cet animal que nous nous sommes appliqués à chasser et à exterminer.

Si nous souhaitons vivre dorénavant en harmonie avec le loup, nous devons comprendre pourquoi, pendant si longtemps, nous n'avons pu le faire ni même tenté de le faire. S'il est vrai que notre haine était injustifiée, comment cette attitude aberrante à l'égard du loup a-t-elle vu le jour ? Pourquoi nos ancêtres ont-ils entretenu si longtemps cette vision ? Avant de nous faire une idée juste de la nature du loup, nous devons mettre de l'ordre dans nos idées.

CI-CONTRE : *De larges horizons et de vastes étendues de forêt ou de toundra sont nécessaires aux loups. Cantonnés dans des enclaves naturelles (parcs ou réserves), ils sont menacés d'extinction.*
ALAN ET SANDY CAREY

Jadis vu comme une sous-espèce du loup gris, le loup roux du sud-est des États-Unis est désormais classé comme espèce distincte, Canis rufus. *Présumé disparu de son habitat en 1980, il a été réintroduit dans des parties de la Caroline du Nord et de l'est du Tennessee.*

TOM ET PAT LEESON

AIRE DE DISTRIBUTION DU LOUP GRIS

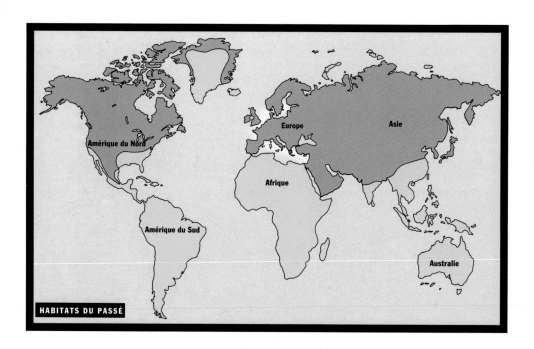

HABITATS DU PASSÉ

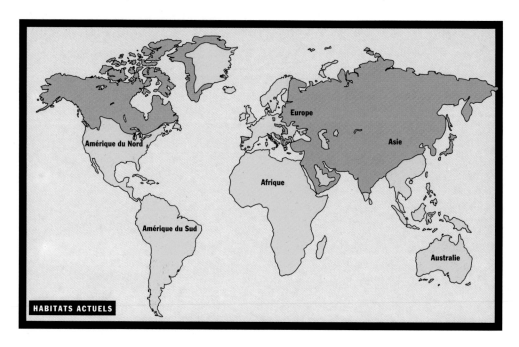

HABITATS ACTUELS

L'expansion de la population
humaine au cours des millénaires
a fait décliner celle du loup.
À l'origine, son royaume était
l'hémisphère Nord, depuis les neiges
du haut Arctique jusqu'aux forêts
et prairies subtropicales, en passant
par les forêts nordiques.

ART WOLFE

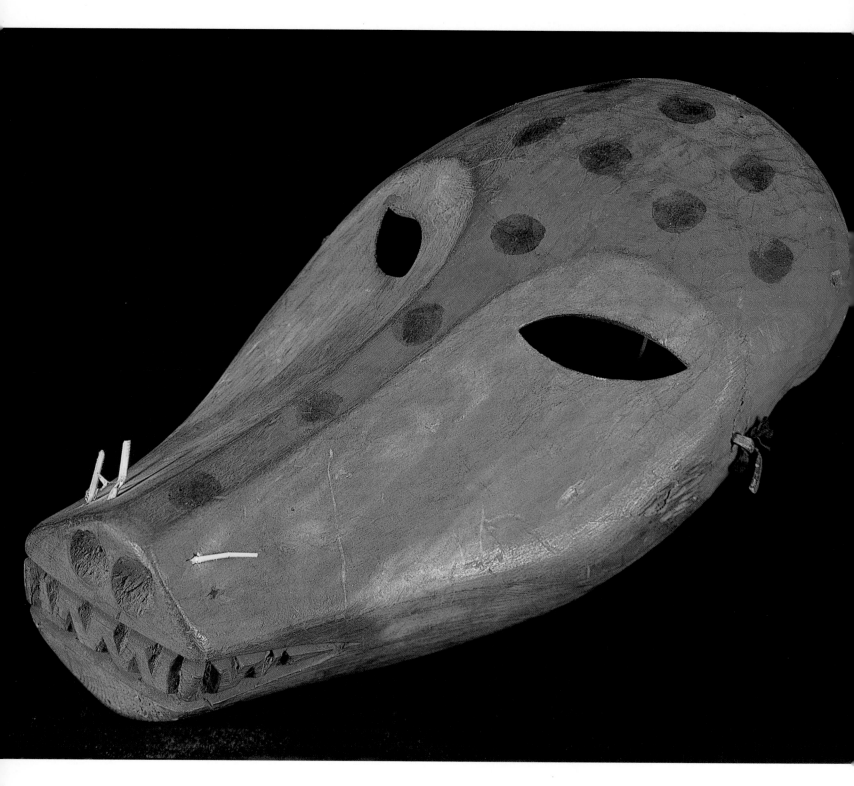

FRÈRE LOUP

Il n'est plus possible maintenant de retracer l'origine des relations entre l'homme et le loup, mais celles-ci doivent remonter à 2 000 000 d'années environ. À cette lointaine époque, les loups vivaient à peu près comme maintenant et les lointains ancêtres de l'espèce humaine les voyaient sans doute courir à la queue leu leu, entre les arbres, chassant les ongulés dans les vertes prairies et élevant leur petits dans la quiétude des tanières sablonneuses. Nos ancêtres ont probablement eu le même mode de vie, celui de clans nomades se nourrissant du fruit de leur chasse. Ces chasseurs cherchaient-ils parfois, motivés par l'admiration, le loup en eux-mêmes? Est-ce la raison pour laquelle les artistes du néolithique ont tracé des silhouettes de loups sur les parois des cavernes?

L'étude des traditions des autochtones d'Amérique du Nord nous aide à explorer indirectement cette relation ancestrale. Certes, les croyances de leurs contemporains n'autorisent pas à conclure à une similitude de pensées. Également, il serait faux de croire que tous les peuples anciens ont entretenu la même idée au long de l'histoire humaine. Toutefois, les cultures traditionnelles nous permettent de lever le voile sur l'esprit de nos ancêtres chasseurs, dont la vision du monde a précédé la nôtre.

Au musée Lowrie de Berkeley, en Californie, on peut admirer un petit masque de bois garni de dents, sculpté il y a plus de 100 ans par un artiste inuit de l'Alaska. Entre les mains du chaman, cet objet évocateur devient un instrument servant à acquérir les aptitudes du loup, surtout son talent de chasseur. D'après Knud Rasmussen, ethnographe spécialiste de l'Arctique, le fond du masque correspondait à une prière pour la réussite de la chasse au cerf tandis que les bords évoquaient «toute la puissance de l'univers, le ciel et la terre». On pouvait s'adresser à ces puissances pendant la pleine lune de décembre, période où le chaman portait le masque. «Tout ce que nous désirons, chantait le peuple, peut être obtenu par l'union avec le loup.»

Au sud, les Pawnee (peuple autochtone du centre des États-Unis) avaient conçu un langage basé sur des signes manuels. Le signe correspondant à la notion de «loup» était un «U» formé par l'index et le majeur de la main droite, placés à la hauteur de l'oreille droite et pointés vers l'avant. Or, ce signe signifiait également «Pawnee».

Il est facile de saisir le fondement de cette sympathie entre ces deux chasseurs que sont l'homme et l'animal. Dans son ouvrage, *Hunters in the Barrens*, l'anthropologue Georg Henriksen raconte comment les Naskapis du Labrador se mettent en quête de caribou. Le groupe de chasseurs s'éloigne du campement à la file indienne, «conservant la même vitesse heure après heure». Ils suivent les arêtes et le sommet des collines en scrutant le paysage dans l'espoir d'y repérer une proie. Lorsqu'ils avisent un troupeau à des kilomètres au loin, ils s'enfoncent dans les bois afin de s'en approcher:

CI-CONTRE: *Selon Knud Rasmussen, les chamans inuit se servaient de ces masques pour capter «les pouvoirs et capacités du loup: rapidité, flair et adresse». Ce joli masque sculpté fut découvert à St. Michael, en Alaska, dans les années 1890.* PHOEBE A. HEARST, MUSÉE D'ANTHROPOLOGIE DE L'UNIVERSITÉ DE LA CALIFORNIE, À BERKELEY

Nul ne dit mot. Marchant à grandes foulées, chaque homme analyse le vent, le temps qu'il fait, les caractéristiques du terrain et évalue leur impact sur la position des caribous. Un des chasseurs s'arrête tout à coup, s'accroupit, puis alerte les autres par un faible sifflement. Il vient d'apercevoir le troupeau. Muets, les hommes se dispersent dans plusieurs directions. Même si aucun plan d'attaque n'est communiqué verbalement, chaque homme connaît la tactique à appliquer vis-à-vis du troupeau. Chacun adapte ses faits et gestes à ceux des autres.

On ne pourrait décrire plus précisément le comportement des loups à la chasse.

Les profondes similitudes entre l'homme et le loup ont été célébrées depuis des siècles en de nombreuses cultures autochtones d'Amérique du Nord. Dans certaines traditions, on croit que cette ressemblance transcende même la mort, car, dans le monde des esprits, le loup jouit d'une puissance incomparable. Quand il hurle, ne sont-ce pas des esprits qui nous interpellent? D'après une légende crie, c'est le Loup qui, après le grand Déluge, a charrié un ballot de mousse pour en entourer le radeau des survivants jusqu'à ce que la terre se fût reformée. Une autre histoire — vraie celle-là —, nous vient du Montana et date de la fin du XIXe siècle. Elle raconte comment Chemise-d'oiseau, un chaman crow, s'est servi des pouvoirs surnaturels du loup pour guérir un guerrier blessé. Son patient, Tête-de-cygne, avait été atteint d'une balle au poumon lors d'un combat. Enduit d'argile afin de ressembler à un loup, Chemise-d'oiseau se mit à danser, vêtu d'une peau de loup rituelle. Un témoin rapporte :

> Le rythme des tambours changea subitement. Leur son devint plus feutré et plus rapide. J'entendis Chemise-d'oiseau gémir comme une louve le fait à l'intention de ses louveteaux, et je le vis déambuler quatre fois à la manière d'un loup autour du corps de Tête-de-cygne. À chaque tour, il agitait un hochet de la main droite et trempait le nez de la dépouille du loup dans de l'eau dont il aspergeait Tête-de-cygne, sans cesser de gémir, comme une louve qui incite ses petits à l'obéissance.
>
> Je vis — comme tous les autres assistants — Tête-de-cygne se redresser sur son séant. Ensuite Chemise-d'oiseau, tournant le dos au blessé, s'accroupit à la façon d'un loup et poussa quatre hurlements, comme le fait un loup qui appelle à l'aide.

Chemise-d'oiseau continua à danser, à circuler autour du malade et à gémir, en agitant la peau de loup. Puis, selon les témoins, Tête-de-cygne se leva, se rendit à la rivière, s'étendit pour nettoyer ses blessures du sang coagulé et se baigna dans l'eau.

Un esprit protège la chasse pendant
qu'un loup piste un superbe orignal.
Cette peinture ojibwa orne une
paroi de granit abrupte près du lac
Hegman dans les Superior National
Forest, au Minnesota.
SCOT STEWART

MYSTÈRES ET DESTRUCTION

Les autochtones d'Amérique n'étaient pas les seuls à rechercher la puissance par un rituel de métamorphose en animal. Au XVIIᵉ siècle, un concile de l'Église chrétienne jugea nécessaire de dénoncer ceux qui s'affublaient d'une tête de bête ou «se déguisaient en animal sauvage». Des chercheurs affirment que la croyance européenne dans les loups-garous provient de telles pratiques. La Rome antique célébrait divers cultes en l'honneur du loup. L'un d'eux concernait une divinité nommée Dis Pater — le seigneur romain de la mort —, souvent représenté avec une tête de loup. Les prêtres officiants, les «loups de Soracte», tentaient de se concilier les bonnes grâces des dieux en imitant le loup et son comportement de prédateur. Une autre confrérie était rattachée à la grotte du Lupercal (du latin *lupus*, loup), là même où Remus et Romulus, les fondateurs de Rome, avaient été allaités par la louve du Capitole. Chaque année, le 15 février, ces prêtres célébraient les lupercales. Nus, le corps enduit du sang d'un bouc sacrificiel, ils poussaient des éclats de rire rituels en se pavanant en ville et en frappant les femmes avec des peaux de chèvres sacrées pour assurer leur fécondité. Ces manifestations en faveur du loup mythique avaient une telle importance à Rome qu'Auguste réorganisât et restaurât ce culte.

Ce rituel étrange mérite qu'on s'y attarde. La sang du bouc sacrifié évoque la prédation et la mort, la sexualité émane des corps qui évoluent nus. Or, c'est par l'intermédiaire de ces forces, le sang et la nudité, que les participants reçoivent la promesse de fécondité et de renouveau. Cette transposition est rendue possible grâce au loup, le tueur, issu des entrailles de la Terre. Les lupercales semblent incarner les ambiguïtés essentielles de la vie humaine — les mystères qui conjuguent naissance et mort, beauté et violence.

Certains chercheurs présument que la louve qui a allaité Remus et Romulus (et de ce fait a servi de mère adoptive à la civilisation romaine) était la déesse étrusque Lupa. Selon eux, cette légende symbolise à la fois les antécédents historiques de la ville et les antécédents mythiques des dieux patriarcaux. La Grande Déesse, au cours de ses différents avatars — Artémis, Cerridwen — semble souvent avoir été accompagnée par des loups et des chiens. Ses descendants canidés devaient donc être dispensateurs et destructeurs de vie, à l'image de cette divinité.

Rome n'a pas été la seule civilisation à se réclamer des loups. Le prophète iranien Zarathoustra, Siegfried, le héros allemand et Tu Kueh, le chef turc, ont tous été, selon la légende, élevés par des louves. Même de nos jours, la notion d'enfant-loup demeure étonnamment d'actualité. En Inde, dans les années 20, le révérend Singh, alors directeur d'un orphelinat, affirma avoir trouvé deux fillettes dans la tanière d'un loup. Il les découvrit blotties contre deux louveteaux et elles semblaient prises en charge par trois

Gravure sur bois de Remus et Romulus, les fondateurs de Rome, que surveille une louve débonnaire. Cette planche qui ornait l'Histoire de Rome de Tite-Live, publiée en 1520, se trouve actuellement au musée des Arts décoratifs de Paris.

loups adultes. Ces enfants ne savaient pas marcher. Friandes de viande crue et préférant l'obscurité, elles mordaient et savaient hurler comme les loups. Avaient-elles été réellement élevées par ces animaux ? Peut-être, mais deux scientifiques, de passage en Inde dans les années 50, afin d'étudier le cas, ont constaté que le révérend Singh avait une triste réputation de fabulateur. Une explication plus plausible a été avancée par le psychologue Bruno Bettelheim, persuadé que le comportement signalé chez ces jeunes filles et chez d'autres enfants dits « sauvages » coïncide avec les symptômes d'un autisme grave. Les fillettes étaient sans doute des enfants à l'esprit perturbé que l'on avait confiées à l'orphelinat, et le révérend Singh s'est peut-être permis d'expliquer leur sort d'une manière quelque peu fantaisiste. Il reste que les loups ont une vie de famille riche et ludique qui n'est pas sans rappeler la nôtre. L'idée qu'ils puissent allaiter et prendre en charge de jeunes humains n'est pas si invraisemblable, à tout prendre.

CI-CONTRE : *En bons parents, les loups dorlotent et protègent leurs petits. Ceux-ci peuvent manger à satiété et taquiner les adultes sans crainte d'être châtiés.*
TOM ET PAT LEESON

GRIFFES ET CROCS ENSANGLANTÉS

Si la notion d'enfant-loup est vaguement conforme aux données de la biologie sur le loup, elle ne concorde guère avec le folklore européen et euro-américain relatif à cet animal. D'une certaine façon, le loup, qui semblait capable de protéger les nourrissons et qui a servi d'inspiration pour la civilisation humaine, a été évincé par un ennemi sanguinaire. Qui a peur du grand méchant loup? Eh bien, nous tous, pour la plupart.

Nous avons déjà vu que les peuples de chasseurs considèrent généralement le loup avec admiration et souvent avec une crainte révérencielle. En outre, jusqu'à l'époque classique en Europe, les loups ont été associés aux thèmes les plus profonds de l'expérience humaine. Comment se fait-il alors que nous ayons hérité de l'image d'un monstre salivant, capable de dévorer la grand-mère du petit chaperon rouge? Qu'est-ce qui a poussé le président américain Theodore Roosevelt à considérer le loup comme «la bête de dévastation et de désolation», et à en réclamer l'extermination? Comment se fait-il qu'une des premières lois adoptées par le parlement du Haut-Canada prévoyait offrir de l'argent à quiconque pouvait débarrasser le pays des loups?

Il ne s'agit pas de gestion attentive des populations animales, mais d'une haine hystérique qui a fini par conduire à la destruction presque totale des loups en Europe occidentale, aux États-Unis et dans le sud du Canada.

Cette passion meurtrière — toujours latente — a été alimentée par la crainte de perdre de l'argent. Les loups sont des tueurs experts de grands ongulés comme l'orignal, le chevreuil, le bœuf musqué, le caribou et, parfois, le mouton, la chèvre et la vache. L'action prédatrice du loup a dérangé les propriétaires de troupeaux et de ranches (comme Teddy Roosevelt) depuis les premiers jours de l'agriculture. S'il faut en croire un texte grec du IIe siècle de notre ère, la technique consistant à supprimer les loups au moyen d'appâts empoisonnés existe depuis l'antiquité et remonterait au dieu Apollon. Dès le moment où les humains ont commencé à garder des troupeaux, les loups se sont vu attribuer le rôle de méchants.

La peur engendre la peur, et la haine attise la haine. Prisonnier de notre imaginaire angoissé, le loup a hérité d'une réputation terrible de gloutonnerie. D'une part, on l'accusait de décimer les troupeaux bien qu'il préférât les proies sauvages, et d'autre part, on lui reprochait son goût pour la chair humaine, alors qu'en réalité, il s'en prend très rarement à l'homme. Si le loup attaque l'homme, c'est dans des cas rarissimes, du moins à notre époque. De fait, les spécialistes des loups L. David Mech et feu Douglas Pimlott ont toujours affirmé qu'un loup d'Amérique du Nord en bonne santé ne représente jamais de menace grave pour un être humain. Notons cependant les réserves: ces auteurs disent bien «en bonne santé», car un loup atteint de la rage est évidemment dangereux;

et «d'Amérique du Nord», car son congénère européen est un peu plus agressif. Selon le biologiste finnois Erkki Pullianen, plusieurs personnes ont été tuées par des loups en Finlande et en Russie aux cours des dernières décennies. Cependant, fait surprenant, il n'y a eu aucun décès semblable en Amérique du Nord. Les rares confrontations entre cet animal et l'être humain se sont habituellement terminées de façon dramatique pour le premier.

En dix années de pistage radio des loups et des caribous, les biologistes à l'œuvre dans les Territoires-du-Nord-Ouest ont été attaqués deux fois seulement. L'un des loups en cause était atteint de la rage, l'autre s'est intéressé à un caribou sur lequel les chercheurs s'affairaient. Dans les deux cas, les êtres humains en ont été quittes pour quelques cauchemars.

Dans le Canada septentrional, chaque communauté humaine possède «sa» population de loups qui survivent en marge des zones de peuplement et se nourrissent de détritus. Ces animaux extrêmement craintifs ne se font voir que rarement, bien qu'on conseille parfois aux écoliers d'être prudents lorsqu'un loup a été vu en ville. Même dans ces régions, peu d'adultes ont conscience de la présence constante des loups, et les seules victimes signalées sont des chiens.

En Ontario, chaque été, des milliers de vacanciers font du canoë et du camping dans les territoires peuplés de loups du parc Algonquin. Aucun accident n'a été rapporté.

Un fait étonnant est même survenu au milieu des années 50. Un chercheur du nom de D.F. Parmelee et son compagnon avaient capturé deux louveteaux dans l'île d'Ellesmere, dans l'Arctique canadien. Après avoir abattu au fusil quelques lagopèdes, ils ont regagné leur campement en portant les louveteaux dans leurs bras, les oiseaux jetés par-dessus l'épaule. Soudain, les deux hommes ont senti une présence derrière eux. Se retournant, ils ont aperçu la louve affligée «se frottant le nez aux lagopèdes qui pendouillaient». Parmelee écrit: «Incroyable! nous avons dû repousser la mère en lui lançant des boules de neige, autrement, nous aurions perdu nos spécimens!» La louve a passé la nuit à l'extérieur de la tente, sans porter atteinte ni aux humains ni à leurs prises.

Cette anecdote souligne la vraie nature des loups. Leur première réaction face à l'homme n'est pas l'agressivité, mais la curiosité ou la crainte. Que penser de la célèbre «bête du Gévaudan» qui, dans les années 1760, a tué, dit-on, une cinquantaine de personnes, la plupart de jeunes enfants, dans le centre-sud de la France? Comment expliquer les allégations d'un ouvrage scientifique paru il y a plus de 100 ans en Russie, selon lesquelles 161 personnes auraient été tuées et dévorées en 1875, ou ces rapports dignes de foi d'après lesquels deux villageois du nord-ouest de la Turquie auraient connu un sort semblable pendant une tempête de neige en 1968? Certaines de ces histoires sont en partie fondées: des recherches ont révélé que la bête du Gévaudan était probablement un hybride de loup et de chien, alliant la force et la ruse du loup à l'attirance du chien pour l'être humain. Une fois ces «loups» déclarés monstrueux, c'est contre la totalité de l'espèce qu'on a lancé l'attaque. Pendant environ 30 ans, 2 000 loups furent exterminés dans le cadre de ces représailles injustifiées.

Figure du Monstre, qui desole le Gévaudan,
Cette Bête est de la taille d'un jeune Taureau elle attaque de préférence les Femmes,
et les Enfans elle boit leur Sang, leur coupe la Tête et l'emporte.
Il est promis 2700 tt à qui tuerait cet animal

Cette gravure du XVIII siècle,
conservée à la Bibliothèque
nationale de France, représente
l'animal qui a terrorisé la région du
Gévaudan vers 1764.
Selon la légende cette bête était
aussi grosse qu'un jeune taureau et
avait un faible pour les femmes et
les enfants.

Un loup solitaire hurle au
crépuscule. Même si les loups ne
hurlent pas à la lune comme le
rapporte la légende, ils le font de
préférence à la nuit tombante ou à
l'aube. ALAN ET SANDY CAREY

LE LOUP DANS LA BERGERIE

Nos vues erronées sur le loup ont suscité la plupart des récits d'agressions qui ont moins de rapports avec la biologie de l'animal sauvage qu'avec la mentalité du christianisme qui imprégnait l'Europe occidentale en des siècles tourmentés. Les loups relèvent du mythe : ils représentent l'énergie de la Terre, les passions qui agitent la vie et la mort de l'homme, dont la sexualité. Ce n'est pas par hasard que les termes latins pour «loup» et pour «putain» sont identiques, et l'anglais ne désigne-t-il pas un jeune homme entreprenant par le mot *wolf*? Ne dit-on pas en français d'une jeune fille qui a déjà eu sa première relation sexuelle qu'«elle a vu le loup»? Pendant des siècles, le christianisme a mené la vie dure à la sexualité. Le Monde, la Chair et le Diable étaient alors des forces puissantes et menaçantes.

Au temps de l'Inquisition, le loup était apparenté à Satan — le «loup» dans la bergerie du Christ. Selon Barry Lopez, dans son étude classique *Of Wolves and Men*, «le loup était entouré d'un grand mystère, et un fabuleux théâtre d'images s'est créé autour de lui. Il était le Malin, avait la langue rouge, l'haleine sulfureuse et l'œil jaune. Il était un loup-garou, un cannibale humain. Il était la luxure, l'envie et la violence que les hommes voyaient en eux-mêmes». Ce que nous craignons et haïssons le plus en nous-mêmes, nous le projetons sur nos voisins de tous les temps, sur ces animaux avec lesquels nous avons le plus de similitudes. Il fallait donc tuer le loup, de manière brutale si possible, afin de débarrasser le monde du péché. On torturait aussi les loups-garous jusqu'à ce qu'ils avouent leurs horribles méfaits, puis on les mettait à mort.

Quand les Européens s'établirent en Amérique du Nord, ils importèrent ces mêmes idées horrifiantes qui remontaient au XVIIIe siècle. Aux préjugés contre le loup s'ajoutait la lutte contre la Nature, au sens propre comme au sens figuré. Les colons se donnèrent pour mission d'aménager un Jardin en cette terre sauvage. Or, dans le Jardin, il n'y aurait pas de place pour un prédateur. Le loup était un tueur et, en dehors de toute menace réelle, rappelait aux nouveaux arrivants qu'ils n'étaient pas maîtres de la situation, même en cette terre promise.

Le loup fut donc persécuté avec ardeur sur les deux continents : on en massacra des centaines de milliers. En Amérique du Nord, le loup a été piégé et empoisonné par les propriétaires de ranches, les chasseurs de primes et autres professionnels de l'extermination. Dans l'esprit mélodramatique de l'Ouest américain, les derniers loups survivants d'une région étaient déclarés hors-la-loi et ils héritaient de sobriquets : «Trois-Orteils», «Le Montagnard» et «Custer le Loup». Cent cinquante hommes s'employèrent à tuer Trois-Orteils pour recevoir la montre en or promise pour sa capture. Tout cela était

CI-CONTRE : *«Nous croyons tous plus ou moins que le loup hurle à la lune, pèse 200 livres, se déplace en bande de 50 et que l'odeur du sang le rend fou, mais c'est faux»,* assure Barry Lopez. *En réalité, notre science du loup est déformée par des phantasmes.* THOMAS KITCHIN, FIRST LIGHT

fort excitant. De 1883 à 1918, dans le seul Montana, les fonctionnaires traitèrent 80 730 demandes de prime pour capture de loup.

Nous ne pouvons nous dissocier de ce carnage sous prétexte que les personnes en cause étaient foncièrement mauvaises. Nombre d'entre elles étaient des fonctionnaires engagés par des gouvernements élus démocratiquement. Presque tout le monde partageait le même objectif: débarrasser le pays des loups. En 1907, le ministère de l'Agriculture des États-Unis publia un guide intitulé *Guide to Finding and Killing Wolves*, qui devait être remis à tous les propriétaires de ranch, aux chasseurs, aux trappeurs et aux gardes forestiers. En 1909, le directeur du parc Algonquin commit un article intitulé « De quelle façon devrions-nous exterminer le loup ? » : non pas « devrions-nous exterminer le loup ? » — ce qui eut paru normal sous la plume d'un gardien officiel de la nature — mais bien « de quelle façon ? ». Au début des années 60, dans la première étude sérieuse menée sur les loups du parc, on se contentait de formuler la recommandation de « débarrasser » la zone étudiée des carcasses de loups.

C'était il y a 30 ans à peine. Pourtant, de nos jours, une telle attitude serait impensable. Bien que certaines personnes aient encore des préjugés hérités du passé, l'opinion publique a été balayée par un vent de fraîcheur. Sans doute l'enthousiasme qui caractérisait les années 60 a-t-il éclairé nos esprits. Chose certaine, le drame d'Hiroshima, *Silent Spring* et une nouvelle science subtile, l'écologie, sont venus transformer progressivement les mentalités. Le loup sur qui nous rejetions nos pires instincts est tout à coup devenu le symbole d'une nature ressuscitée.

« Le monde, a dit Thoreau, sera sauvé par la Nature sauvage. » Un grand nombre d'entre nous, sachant que la vie même est en péril, avons placé nos espoirs dans le loup et dans la Nature.

Les personnes étant en conflit profond avec elles-mêmes le sont également avec le loup. Le regain de sympathie qui nous pousse vers cet animal est donc porteur d'un grand espoir. Toutefois, ce changement d'attitude aura peu d'effet si nous nous laissons prendre au piège d'un drame mythique dans lequel le loup jouerait le rôle de héros brillant pendant que son critique, l'homme, se verrait assigner le rôle de scélérat. Nous ne pouvons passer notre vie sur un plateau à la Walt Disney, où les loups sont de bons petits animaux qui ne mangent que des souris et où quiconque tue un animal est un personnage exécrable. La réalité du loup telle que nous la comprenons actuellement est plus riche et plus complexe que cela.

CI-CONTRE : *Avant l'arrivée des Européens en Amérique du Nord, « ce continent n'était qu'une immense forêt sauvage envahie par les loups ». C'était du moins la vision romantique de John Adams, président des États-Unis à la fin du XIIIᵉ siècle.*
DENVER BRYAN

CI-CONTRE : *D'après un mythe autochtone, les esprits tentèrent de changer tous les animaux en êtres humains, mais ils n'y parvinrent qu'avec les yeux du loup.*
TOM ET PAT LEESON

Chapitre 2 VIE SAUVAGE

Curieux de nature, les lecteurs et les lectrices aimeraient sans doute apprendre bien des choses au sujet du loup : sa taille, la vitesse à laquelle il se déplace, le nombre de petits d'une portée, s'il peut communiquer avec ses semblables à distance, ses tactiques de chasse et son comportement à titre de prédateur.

Le meilleur point de départ pour cette étude est la gueule de l'animal. Le loup possède 42 dents réparties comme celles de l'être humain : incisives, canines, prémolaires et molaires. Trois caractéristiques retiennent l'attention : en premier lieu, leur nombre élevé (le cougar, en comparaison, n'en a que 30). La place qu'elles occupent et la nécessité de s'en servir efficacement expliquent sans doute la longueur du museau. Deuxième caractéristique : les quatre longues canines ou « dents de chien » qui garnissent le haut et le bas de la partie antérieure de la gueule. Aussi longs que des lames de canif, ces crocs font en quelque sorte fonction de griffes et servent à percer la peau et le pelage épais de ses proies, et à s'y cramponner. Ainsi équipé, il peut mordre dans la chair d'un bœuf musqué ou enfoncer ses crocs dans le museau d'un orignal en s'y agrippant malgré la résistance de l'animal.

La troisième caractéristique est la rangée de molaires acérées plantées vers l'arrière de la gueule (voir photographie de la page 68). Ces dents spécialisées, faites pour déchiqueter, expliquent en partie pourquoi la lignée moderne des carnivores est parvenue à survivre. On les retrouve dans la gueule de l'ours, de la belette, du tigre et de 200 autres membres de l'ordre des carnivores, la branche de l'arbre de l'évolution à laquelle appartient le loup.

Elles existent aussi chez le chien domestique, car il possède les 42 dents du loup sous une forme quelque peu différente. Cela s'explique par la parenté étroite entre les deux aninaux. Malgré certaines controverses, la plupart des spécialistes s'accordent à dire que tous les chiens, du chihuahua au doberman, descendent du loup apprivoisé au Proche-Orient il y a 10 ou 12 000 ans. D'autres formulent l'hypothèse que le loup a été domestiqué non seulement là-bas, mais également en bien d'autres régions et à d'autres époques. Il n'y a plus d'argument sérieux en faveur de l'existence d'une autre espèce qui

CI-CONTRE : *Ce loup exhibe quelques-unes de ses 42 dents spécialisées, dont quelques incisives acérées et de longues canines.*
DANIEL J. COX

aurait servi de point de départ au chien, qu'il se fût agi du coyote, du renard ou de tout autre membre de la famille des canidés. En Amérique du Nord, les coyotes, les loups et les chiens se croisent parfois pour donner différents hybrides : coyotes-loups, coyotes-chiens et chiens-loups. On est donc en droit de supposer que la lignée du chien comporte un peu de sang de coyote.

Pourquoi nos ancêtres se sont-ils intéressés de si près au loup et sont-ils allés jusqu'à en faire le « meilleur ami de l'homme » ? Pour répondre à cette question, nous devons nous pencher sur les traits qui distinguent le loup des autres canidés sauvages. Sa taille tout d'abord. Même si le loup est plus petit que bien des légendes ne le laissent croire, une louve adulte pèse de 20 à 55 kg (de 45 à 120 lb) tandis qu'un mâle peut atteindre 70 kg (155 lb) et même davantage. Du museau à la queue, le loup mesure en moyenne 1,5 m (4 à 5 pi) et sa hauteur au garrot est de 0,75 m (2½ pi). Autrement dit, c'est un très grand chien, plus grand à tous les égards qu'un berger allemand de taille moyenne. En apprivoisant le loup, l'homme s'alliait cette force et cette taille impressionnantes.

Les premiers chasseurs ont également su tirer parti de l'allure rapide du loup. Cet animal, capable de parcourir de grandes distances, est mieux adapté à la course qu'aucun autre carnivore. En effet, à l'instar des autres canidés sauvages, il est doté de longues pattes de coureur. De plus, ayant la plante du pied surélevée, les canidés se déplacent sur les orteils, ce qui leur permet d'atteindre des vitesses supérieures. Cependant, la caractéristique qui place le loup dans une classe à part est l'anatomie des pattes antérieures qui sont rapprochées, comme écrasées contre le poitrail étroit. Les genoux sont tournés vers l'intérieur et les pattes vers l'extérieur ; cette conformation sert aux pieds antérieurs à déterminer une trajectoire que les pattes de devant pourront suivre facilement. Quand il trotte, le loup laisse derrière lui une piste faite d'une rangée simple de traces qui constitue un avantage pour se déplacer efficacement dans la neige profonde ou en terrain difficile. Grâce à ces raffinements, le loup peut atteindre si nécessaire des vitesses allant de 60 à 70 km/h (37 à 43 mi/h).

CI-CONTRE : *La plupart des chiens ont le museau plus court que le loup, résultat des croisements réalisés par l'homme dans le but d'obtenir un animal domestique ressemblant davantage à lui-même.*
NORBERT ROSING

Lancé au trot, le loup peut facilement
parcourir 50 km (30 mi) par jour,
même en plein hiver. À pleine vitesse,
il soulève littéralement la neige.
THOMAS KITCHIN, FIRST LIGHT

VALEURS FAMILIALES

L'un des aspects qui a rendu le loup attachant aux yeux des premiers hommes tentés de le domestiquer, et qui nous séduit aussi, est le tendre intérêt qu'il porte à sa famille. Plus que n'importe quel autre canidé, le loup est un animal social. Bien que certains individus vivent seuls pendant certaines périodes, le cadre de vie normal du loup est la «meute» qui réunit la mère, le père, les oncles, les tantes et les petits. Comme les autres caractéristiques, le nombre de ses membres est sujet à des variations considérables. Une meute peut ne comporter qu'un seul couple, ce qui se voit fréquemment, ou une communauté de 42 individus (meute observée dans le nord de l'Alberta), ce qui est très rare. La plupart des loups vivent en bande de sept individus ou moins.

Dans la société des loups, c'est la convivialité qui domine. Au début des années 40, un patient biologiste, Adolph Murie, a consacré deux années à observer en Alaska la tanière d'un loup dans le parc national de Denali (connu sous le nom de parc du mont McKinley), dans le cadre de la toute première étude scientifique sur les loups. «Ce qui me frappe le plus chez les loups après de nombreuses observations, c'est leur bon caractère», rapporte-t-il. Les loups sont patients les uns envers les autres, malgré les inévitables inconvénients de la vie en famille : le louveteau qui vous grimpe sur la tête, le frérot qui monopolise la meilleure couche, l'aîné qui mange plus que sa part, et ainsi de suite.

Une des raisons de l'harmonie qui règne au sein de la meute est la qualité et la transparence de la communication. Tout comme les humains, les loups traduisent en mimiques leurs états d'âme. Par des plissements subtils du front, de la gueule, des oreilles et des yeux, l'animal peut «exprimer» ce qu'il ressent et permettre ainsi à ses compagnons de réagir en conséquence. Par exemple, si un loup a peur ou se sent dans l'insécurité, il dissimulera les dents comme pour signifier : «Tu vois, je ne te mordrai pas.», étirera les commissures de sa gueule vers l'arrière, en esquissant un rictus de soumission, plissera les yeux afin de les rapetisser, lissera le front et rabattra les oreilles contre la tête. En revanche, s'il veut exprimer la confiance qu'il a en lui-même ou paraître menaçant, il fera exactement le contraire : il montrera les dents, ramènera les commissures de la gueule vers l'avant, plissera le museau et le front, et orientera les oreilles vers l'avant. Les expressions humaines sont étonnamment semblables. Tentez par exemple de vous composer une physionomie conciliante comme si vous vouliez faire baisser la tension dans une confrontation avec une brute. Essayez ensuite de prendre un air rébarbatif comme pour rembarrer quelqu'un. Vous ne pourriez probablement pas exprimer beaucoup de choses à l'aide des oreilles, mais votre physionomie ressemblera sans doute au faciès d'un loup dans les mêmes circonstances.

CI-CONTRE : *Oreilles pointées, yeux ronds et museau détendu donnent à ces loups un air bonasse. Les marques noires et blanches de la tête accentuent les traits expressifs de l'animal.* ALAN ET SANDY CAREY

AU VERSO : *Un loup est contraint de partager son repas avec de nouveaux arrivants ; apparemment sûrs d'eux-mêmes, leurs oreilles rabattues trahissent une certaine inquiétude.* ART WOLFE

Pour un humain, il est beaucoup plus facile de juger de l'humeur d'un loup ou d'un chien que de celle d'un hamster ou d'un canari. Comme l'affirme le photographe Jim Brandenburg après avoir passé un été à observer les loups dans le haut Arctique : « Je n'ai jamais vu d'animal aussi expressif. » Quoi d'étonnant à ce que nos ancêtres aient choisi le loup pour compagnon…

Même si le premier chien était un pur loup, le chien contemporain est tellement différent de son ancêtre que beaucoup de scientifiques le considèrent comme une espèce à part. *Canis lupus* est devenu *Canis familiaris*. Aux différences morphologiques que les éleveurs ont provoqué dans certaines races se sont ajoutées avec le temps d'autres modifications moins apparentes. Même chez le chien actuel le plus semblable au loup, les dents sont plus petites, le museau est plus court et le front plus large, autant de détails physiques qui le rapprochent des traits de la physionomie de son maître humain. On reconnaît aussi que le chien est moins intelligent que son cousin le loup, conséquence normale de la domestication. (Il serait intéressant de voir si cette règle s'applique aussi à l'homme.) Le chien se reproduit deux fois par an plutôt qu'une, certaines glandes que le loup possède sur la queue lui manquent, et son crâne possède une forme caractéristique. Aux yeux des humains, les pieds du chien sont de taille « normale » au lieu d'être « trop gros », comme ceux du loup, mieux adapté à la marche dans la neige. Cependant la différence la plus frappante s'observe dans leur comportement social : le chien recherche la compagnie des hommes tandis que le loup préfère celle de ses congénères. Le lien affectif qui unit le chien à ses maîtres humains est sans doute très semblable à celui qui lie entre eux les loups d'une même meute.

CI-CONTRE : *Agitant la queue de plaisir, un loup pose sa grosse patte sur le dos de son compagnon de jeu.*
ALAN ET SANDY CAREY

PAIX, ORDRE ET BON GOUVERNEMENT

Les meutes de loups obéissent à des lois hiérarchiques relativement souples. Une meute bien organisée et comportant de nombreux individus peut comprendre une «classe supérieure» formée d'un couple géniteur (le mâle et la femelle alpha), une «classe moyenne» constituée d'adultes qui ne procréent pas, et éventuellement une «classe sociale défavorisée» qui regroupe les «exclus» ainsi qu'un certain nombre de louveteaux à l'avenir prometteur, âgés de moins de deux ans. Les meneurs de la bande, habituellement les parents des animaux les plus jeunes, affichent leur statut avec aplomb. Dans les rencontres sociales, ils se tiennent droits, dressent les oreilles et la queue, et fixent leurs congénères dans les yeux. Cette attitude suffit à affirmer et à confirmer leur rang social. Un animal soumis, en revanche, s'approche du meneur en fléchissant les pattes, en baissant la queue et en rabattant les oreilles vers l'arrière. Dans une attitude semblable à celle du jeune qui quémande de la nourriture, il baisse le nez devant le museau de son supérieur comme pour signifier: «Je suis tout petit et tu es grand. Je t'aime et je te prie d'être gentil avec moi.» Cette attitude a été nommée «soumission active». Si l'animal soumis tient à s'exprimer encore plus clairement, en voulant dire: «J'accepte que tu sois le chef; moi, je suis inférieur sur le plan social et je ne représente pas de menace pour toi.», il s'étendra sur le dos, les quatre pattes en l'air, comme un chien qui désire se faire gratter le ventre. Ce comportement nommé «soumission passive» peut être aussi un rappel de l'enfance, car il évoque la position du jeune qu'un adulte masse pour stimuler les fonctions intestinales. On peut observer ces routines de domination et de soumission chez le loup en captivité, ou constater la réaction des loups en cage lorsqu'on se sert de ses mains pour imiter les différentes positions des oreilles. Il est intéressant de savoir que la plupart de nos connaissances sur les réalités de la vie sauvage sont le résultat d'observations faites sur des animaux en captivité.

Avec un peu de chance, vous aurez peut-être l'occasion d'être témoin d'une cérémonie d'accueil entre loups, une de ces rencontres turbulentes, agitées et chaleureuses au cours de laquelle les animaux se redécouvrent l'un l'autre après une sieste ou une brève séparation. Dans la nature, ces manifestations de solidarité familiale ont également lieu quand les animaux flairent une proie avant la chasse ou après sa capture. La plupart du temps, c'est le mâle alpha qui se trouve au centre de ces effusions, étant généralement l'individu le plus populaire de la meute. Il se retrouve entouré de près par une demi-douzaine de parents empressés, hurlants, qui font de leur mieux pour se frotter à lui et approcher leur museau du sien. C'est par ces expressions d'affection que les animaux définissent leur groupe – «C'est bien nous! tous les autres loups sont étrangers au groupe.» – et expriment leur attachement à leur père ainsi que les uns envers les autres.

CI-CONTRE: *En baissant oreilles et paupières, le loup de gauche témoigne de sa soumission à l'autre. Même si les loups de haut rang (alpha) triomphent généralement de leurs adversaires, ils préfèrent céder sur des points relatifs à la nourriture ou à d'autres ressources.* PETER MCLEOD, FIRST LIGHT

En règle générale, le mâle dominant n'est pas particulièrement agressif, du moins envers le reste de la meute. C'est plutôt le contraire que l'on observe : la plupart des loups «haut placés» sont extrêmement tolérants. Les loups d'une même meute s'examinent fréquemment les uns les autres en se reniflant et en se léchant sans arrêt. C'est le mâle dominant qui est l'objet du plus grand nombre de ces contacts. Il représente un point d'attraction pour la communauté et ce point centralise les courants d'amitié qui circulent au sein de la meute. L'une de ses principales fonctions consiste à maintenir la bonne humeur et la cohésion dans son clan. S'il vient à perdre sa position de chef de file à la suite d'un «coup d'État» fomenté par un mâle plus jeune (comme cela se produit de temps à autre), il cessera par le fait même d'être le pôle d'attraction de la meute.

CI-CONTRE : *Les loups manifestent leur affection et leur attachement mutuels au cours de jeux turbulents. En plaçant son museau sous le nez de l'autre, le loup du centre esquisse un geste de soumission.* VICTORIA HURST, FIRST LIGHT

LE TERRITOIRE

Une autre tâche importante qui incombe aux loups de haut rang, tant mâles que femelles, est la défense du territoire de chasse de la meute. Comme l'affirme le proverbe russe : «Le loup assure sa subsistance avec ses pattes.» Cela ne signifie par que le loup erre sans but dans la nature. La plupart des meutes limitent leurs sorties aux pistes et aux terrains déjà connus d'un vaste territoire. Son étendue dépend de l'importance de la meute et de la densité de la population de gibier qui peuple ce territoire. Dans le nord-est de l'île de Vancouver en Colombie-Britannique, où le cerf à queue noire abonde, on a vu une bande de 10 loups se contenter d'un territoire de 60 km² (23 mi²). Dans le Michigan, où la nourriture est plus rare, une bande de 4 individus requérait un territoire de 650 km² (250 mi²). En Alberta, 8 loups colonisaient une région de 1 300 km² (500 mi²). Tout comme 1 individu «statistique» avec ses 1,3 partenaire et 1,6 descendant est une vue de l'esprit, la superficie du territoire du loup correspond à une moyenne. Elle peut varier de 50 à 1 500 km² (20 à 580 mi²), soit un rapport de 30 à 1. En outre, les bornes d'un territoire donné sont élastiques par le fait que les animaux l'élargissent ou le réduisent en fonction des fluctuations de sa réserve alimentaire. Cette remarquable faculté d'adaptation aux conditions du moment est une des raisons qui explique pourquoi le loup était si répandu jadis et pourquoi il demeure aussi présent de nos jours.

Le territoire, vaste ou exigu, qu'une meute s'annexe devient sa patrie, son domaine exclusif. Les loups qui y ont élu domicile tolèrent assez bien les étrangers et leur accordent un droit de passage (voire de chasse) sans les harceler. Toutefois, les intrus reçoivent parfois un accueil glacial. Adolph Murie rapporte avoir observé en Alaska une bande de loups en train de paresser à proximité de la tanière. Pendant que les jeunes somnolaient dans la pâle lumière du matin, le chef de file, un mâle, commença à s'agiter et s'aventura à jeter un coup d'œil aux alentours. D'où venait ce malaise ? «Peu après midi, les quatre autres loups de la tanière se joignirent à lui, en agitant la queue avec beaucoup de bienveillance.» C'est à ce moment que Murie remarqua la présence d'un sixième loup

... un petit animal gris, à 50 mètres des autres environ. Tous les loups de la tanière s'approchèrent de l'étranger en trottant et l'entourèrent ; pendant quelques instants, je crus qu'ils étaient bien disposés à son égard, comme me le laissaient croire leurs queues joyeusement mises en branle. Pourtant, à la suite de quelque impondérable, les loups se mirent à mordre le visiteur. Celui-ci se laissa rouler sur le dos comme pour demander grâce. L'attaque se poursuivit cependant ; l'animal se redressa sur ses pattes et réussit de

CI-CONTRE : *Bien que capables de s'entretuer, les loups ne s'y résignent que rarement. La plupart des disputes se règlent sans effusion de sang et sont oubliées l'instant d'après.*
TOM WALKER

peine et de misère à échapper aux loups furieux. Dans sa fuite, il fut renversé à deux reprises par les cinq loups lancés à ses trousses.

Quatre loups abandonnèrent rapidement la poursuite, mais le chef de la bande ne lâcha pas prise et ne laissa à l'intrus d'autre choix que la retraite. Murie poursuit son récit: «La hanche du malheureux et la base de sa queue étaient ensanglantées. L'accueil qui lui avait été réservé semble l'avoir dissuadé à tout jamais de se joindre au groupe, car on ne le revit plus.» S'il avait insisté malgré tout, il aurait sans doute été tué.

La plupart du temps, les loups évitent de telles effusions de sang en se cantonnant à l'extérieur des territoires qui ne sont pas les leurs. Le territoire de chaque meute est jalonné de repères signifiant «défense d'entrer» sous forme de marques odorantes. Ces repères facilement visibles sont des souches, des branches, des rochers, des blocs de glace, etc., disséminés le long des pistes, des carrefours, des limites du territoire et que le loup marque de son urine. Ce mode de communication n'est peut-être pas très élégant aux yeux des humains, mais il est efficace. La majorité des marques sont laissées par le mâle et la femelle dominants qui aspergent leur territoire tous les 100 mètres. Ce comportement explique pourquoi le simple fait de promener toutou peut prendre tellement de temps. Parfois, une file entière de loups attendra son tour pour apposer sa signature odorante sur un repère. Peut-être est-ce une autre forme de solidarité, car, comme le souligne le chercheur Russ Rothman, «les loups qui urinent ensemble demeurent ensemble».

ODEURS FAMILIÈRES

Le loup possède un extraordinaire sens de l'odorat. En effet, placé sous le vent, il peut détecter un orignal à une distance de plus de 2 km (1¼ mi) et tire sans doute bien d'autres renseignements des marques odorantes laissées par la proie éventuelle. Il peut même se servir des odeurs pour s'orienter. On croit que le loup dresse, par expérience, une carte mentale de son territoire qui relève les lieux où la chasse a été fructueuse, les embranchements de pistes, etc. Ce n'est pas sans raison que les carrefours copieusement arrosés d'urine deviennent olfactivement « inoubliables » pour les animaux.

Notre propre sens de l'odorat s'est atrophié et nous ne pouvons donc plus décoder ces messages. Le loup, cependant, est capable d'en extraire des données plus personnelles : identité et sexe du dernier animal de passage, identité de ceux qui se déplacent avec lui, temps écoulé depuis la dernière chasse en ces lieux. À tout le moins, il est en mesure d'établir la distinction entre une marque fraîche et une marque ancienne, et sait en outre reconnaître s'il s'agit de la marque d'un animal connu ou inconnu. Le loup, semble-t-il, marque davantage la périphérie de son territoire que le centre, sans doute parce que c'est là qu'il peut détecter les odeurs de ses voisins. On constate la présence d'une étroite lisière de chevauchement entre les territoires, large de un kilomètre environ, que les bandes vivant en territoires adjacents parcourent à un moment ou à un autre. À ce qu'il paraît, la présence d'une odeur étrangère incite l'animal à laisser sa propre marque sur la zone litigieuse, puis à rebrousser chemin pour retrouver la sécurité de son propre territoire.

Si la faim ne le tenaille pas, le loup délaissera parfois une piste prometteuse plutôt que de s'aventurer en territoire étranger. Des biologistes à l'œuvre dans le nord-est du Minnesota rapportent qu'une meute avait poursuivi et blessé un cerf. La proie était fort mal en point, mais courait encore, les loups à ses trousses. Après qu'elle eut traversé la rivière qui servait de frontière à deux territoires, elle fut suivie sur une courte distance par les loups qui s'arrêtèrent ensuite, marquèrent les lieux de leur urine, puis rentrèrent chez eux au trot. Le lendemain, c'est la bande voisine qui tua et dévora le cerf.

LE LANGAGE DES LOUPS

Le loup s'approprie un territoire d'une autre manière : par le son. C'est un animal bavard. Dans les échanges à courte distance, il se sert des sons les plus divers pour exprimer ses émotions — geignements, gémissements, vagissements, glapissements, jappements, grondements et grognements. Dans les communications à longue portée, il élève la voix pour produire le son typique de son espèce, un hurlement froid et lancinant. L'effet exercé par cette plainte sur l'humain est fascinant. Comment ces harmonies ascendantes, lancées par un animal dans le but de communiquer avec ses congénères, peuvent-elles avoir une telle force évocatrice pour l'esprit humain ? Au cours des dernières années, des milliers de personnes ont eu la possibilité de les écouter sur le terrain en participant à des excursions organisées à cette intention. Que l'on s'imagine une longue file de voitures pénétrant dans l'obscurité d'un parc naturel, puis s'arrêtant. Les occupants débarquent prestement, lèvent la tête vers le ciel pour hurler, puis tendent l'oreille. Environ une fois sur dix, leurs efforts seront récompensés, car si l'humain est touché par l'appel du loup, la réciproque est également vraie. Les biologistes qui s'intéressent à la faune utilisent ce moyen pour évaluer la densité de population des loups dans une région donnée. Plus les loups répondent fréquemment, plus leur nombre présumé sera élevé.

Fait étrange, cette technique produit moins d'effet si les hurlements humains sont enregistrés, car le loup est beaucoup moins porté à y répondre. L'oreille humaine est peut-être incapable de distinguer ces deux sources l'une de l'autre, mais des tests ont révélé dans les enregistrements de très légères distorsions. Si le loup est en mesure de détecter ces subtiles différences, il peut incontestablement analyser toute la gamme de nuances émises dans de vrais hurlements.

Tout comme chaque humain possède une voix unique, chaque loup se distingue des autres par un hurlement qui lui est propre. Il entamera et terminera son chant sur certaines tonalités, évitera telle ou telle note, ou soulignera de façon particulière le passage d'une note à une autre. Les loups peuvent-ils se reconnaître à distance grâce à ces caractéristiques ? Un hurlement révèle-t-il l'activité de l'animal, ou son « état d'âme » ? Il s'avère qu'un loup en train de déambuler lentement lance un hurlement légèrement différent de celui qu'il pousse lorsqu'il trottine ou se repose. Celui qui envoie un message le module autrement que celui qui répond à un appel. Certaines personnes croient que le hurlement d'un loup isolé de ses congénères a des consonances particulièrement plaintives, traduisant son sentiment de solitude. Cet animal est-il toutefois capable de signifier à un autre que « la chasse est plutôt bonne par ici, je vais y séjourner encore une semaine », comme le soutient Farley Mowat ? La preuve reste à faire !

CI-CONTRE : *Semblable à un chanteur de blues sentimental, le loup hurle la tête vers l'arrière et les yeux clos.* ERWIN ET PEGGY BAUER

Pour ce que l'on en sait actuellement, les loups hurlent le plus souvent par plaisir de la chose. Les hurlements poussés en chœur, comme lors de la «cérémonie d'accueil» décrite plus haut, ont été comparés à un chant psalmodié. Selon Lois Crisler, qui a gardé des loups en liberté en Alaska pendant des années, certains même «se lancent sur de longues distances, à bout de souffle et l'œil injecté, pour se joindre au groupe. À mesure qu'ils se rapprochent, ils poussent, la gueule largement ouverte, de petits cris fervents, impatients qu'ils sont d'unir leur chant à celui des autres». Chaque animal joint sa voix à celles de la meute et selon son propre registre car, comme Crisler l'a observé, «les loups évitent de chanter à l'unisson et préfèrent joindre leur chant à celui des autres». Une telle séance dure à peine un peu plus d'une minute et chaque séance est séparée de la suivante par une pause d'au moins vingt minutes. En participant à ces réjouissances, les loups renforcent probablement les liens de sympathie qui les unissent aux autres membres de la meute.

Le hurlement sert aussi à réaffirmer la cohésion du clan après que ses membres s'en furent détachés pour chasser seuls on en groupes plus restreints. Le loup a l'étonnante capacité de déterminer le point de départ des hurlements et d'ainsi localiser ses congénères. En rase campagne, un humain peut entendre les hurlements à une distance de 15 km (10 mi), et s'ils sont assourdis par les arbres d'une forêt, à la moitié de cette distance. Il va de soi que l'ouïe du loup est beaucoup plus fine que la nôtre.

En plus de permettre la communication à distance entre les membres d'une même meute, les hurlements servent à entrer en contact avec d'autres groupes. Par temps calme, une séance de hurlements peut signaler à la ronde la présence d'une bande sur un territoire de plus de 130 km^2 (50 mi^2). Les chercheurs croient que le hurlement constitue pour le loup une façon d'affirmer sa présence sur son territoire, tout comme le chant chez certaines espèces d'oiseaux. Par ses hurlements, la meute de loups affirme: «Ce territoire est le nôtre.»; à cet avertissement, une meute des environs répliquera: «Celui-ci est à nous.» Parfois, on entendra jusqu'à trois meutes dialoguer en chœur, chacune sur son propre territoire — un bon moyen de faire comprendre aux autres qu'il y a des limites à respecter.

Le loup peut certes hurler seul et en toute saison, mais il aime mieux chanter en chœur, de préférence en hiver. Cette «cérémonie d'accueil» est un hymne exubérant à la solidarité. PETER MCLEOD, FIRST LIGHT

LE COMPORTEMENT SEXUEL DU LOUP

On aura conclu de ce qui précède que la défense du territoire, c'est-à-dire le fait de revendiquer les mêmes tanières et lieux de repos, pistes et points d'alimentation, est une caractéristique fondamentale des loups. En effet, il en est ainsi mais avec des exceptions toutefois. Les différentes meutes conservent habituellement des territoires bien définis. Cependant, il arrive qu'elles convergent vers des sources de nourriture abondantes comme les quartiers d'hivernage des cervidés ou les troupeaux de bisons. Par ailleurs, certains loups semblent n'avoir à aucun moment de leur vie le sens du territoire. Les loups qui peuplent la toundra, par exemple, n'ont pas de territoire particulier parce qu'ils ne peuvent se permettre de demeurer toujours dans le même lieu. Leur proie par excellence, le caribou de la toundra, obéit à un cycle annuel de migrations, se déplaçant vers les forêts du sud en hiver, se dirigeant vers le nord pour mettre bas, adoptant tel trajet une année, déviant de centaines de kilomètres vers l'ouest ou l'est l'année d'après, sans se soucier des prévisions de l'homme ou du loup. Exception faite du printemps et du début de l'été, alors qu'ils vivent dans des terriers, les loups migrateurs de la toundra suivent les troupeaux dans leurs déplacements à travers le tiers septentrional du continent. Il nous reste à comprendre le rôle que peuvent jouer pour ces animaux le marquage et les hurlements, ou encore l'organisation et l'entretien de leurs meutes.

Un indice nous incite à croire qu'un ordre social différent régit les loups de la toundra : le pourcentage élevé de femelles qui deviennent gravides chaque année. Ce n'est nullement le cas des meutes attachées à un territoire particulier, au sein desquelles seuls une femelle et un mâle — habituellement au sommet de la hiérarchie — se reproduisent à une saison donnée. Il en est parfois ainsi tout simplement parce que le couple alpha est le seul de la meute à être mûr sexuellement, les autres étant des jeunes âgés de moins de deux ans. Cependant, en règle générale, même au sein des meutes qui renferment plusieurs adultes des deux sexes, seuls ceux de l'«élite» donnent naissance à des petits. Certaines études révèlent que 94 % des meutes de loups sauvages n'ont qu'une seule portée par an, et que près de 40 % des femelles ne se reproduisent pas chaque année.

Cette régulation des naissances est le résultat d'interactions sociales. La période du rut dure environ quatre semaines et se déroule entre janvier et avril, selon les latitudes. Les femelles adultes entrent alors dans la phase du cycle œstral et deviennent fécondes. Toutefois, les préparatifs en vue de l'accouplement commencent beaucoup plus tôt, souvent en automne, et ils sont marqués par une recrudescence soudaine des tensions sociales : grondements féroces, morsures, querelles. Bien que ce soit les mâles qui se bagarrent le plus souvent, c'est la femelle dominante qui fomente les attaques les plus dangereuses. Son animosité vise principalement les autres femelles adultes, dont certaines

CI-CONTRE : *La femelle alpha choisit elle-même son partenaire et décide du moment de l'accouplement. Celle-ci repousse momentanément les avances d'un grand mâle blanc.*
DANIEL J. COX

ne deviendront pas gravides en raison du stress qu'elle leur inflige. Ces femelles, constamment agressées, deviennent temporairement des exclues et sont forcées de vivre en marge des activités du groupe.

Quand arrive le temps du rut proprement dit, c'est la femelle dominante, et non l'une de ses rivales et subordonnées, qui prend l'initiative de la cour. Elle s'y livre devant les mâles de haut rang en des poses qui traduisent son intérêt sexuel et en aspergeant d'urine les buissons, arbres, rochers et autres endroits propres à attirer l'attention. Au début, le mâle ne semble pas trop comprendre ce qui se passe, mais à la longue il se laisse prendre au jeu et commence à tourner autour de la femelle, à humer son corps, son urine attirante, ou à uriner lui-même sur cette urine, comble de l'excitation! Tous les mâles de la meute, même les louveteaux, ne tardent pas à l'imiter.

Tous n'auront pas droit cependant à ses faveurs. C'est à la femelle que revient le privilège du choix, qui élira certains mâles et en rejettera d'autres. Cela n'empêchera pas le mâle dominant de tenter d'empêcher d'autres mâles de s'accoupler avec la femelle. Nous nous retrouvons donc devant une situation dans laquelle la femelle alpha continue d'évincer ses rivales, imitée en cela par le mâle alpha. Les seules possibilités d'accouplement pour les loups de «basse caste» se présenteront pendant que le couple dominant se livre à d'autres activités. C'est ainsi qu'un jeune mâle profitera du répit que lui laisse le mâle alpha en train de se nourrir. Un autre couple parviendra à s'accoupler alors que le couple dominant est lui-même en pleine phase de copulation. En effet, tout comme les chiens, les loups demeurent physiquement soudés pendant environ une demi-heure lors de l'accouplement.

L'harmonie au sein de la bande
est troublée pendant la saison des
amours, période où la femelle
dominante s'acharne à brimer les
autres femelles. Certaines en seront
si traumatisées qu'elles n'auront
même pas de période de chaleur.
TOM ET PAT LEESON

L'AMOUR VRAI

On a souvent affirmé que les loups formaient des couples pour la vie ; cela semble s'avérer vrai dans la mesure où ces animaux choisissent généralement le même partenaire d'une année à l'autre. Mais cette fidélité n'est pas la conséquence d'une loyauté à toute épreuve. Les loups forment effectivement des liens stables entre eux, mais ces préférences ne sont pas exclusives. De plus, ces liens ne trouvent leur expression sexuelle qu'à l'intérieur des limites fixées par l'ordre social. Par exemple, au sein d'une meute gardée en captivité, la femelle alpha voulut s'accoupler avec le mâle alpha, mais celui-ci lui préféra une louve de rang social très inférieur. La femelle alpha se contenta alors du mâle de second rang, le mâle bêta, même si le mâle alpha tentait d'interrompre leurs ébats. Les deux animaux alpha mordaient le mâle bêta et grognaient pendant qu'il copulait avec la femelle alpha. L'année d'après, le mâle alpha étant absent, la femelle accepta encore une fois les avances du mâle bêta et de deux autres mâles. Les mâles montraient de l'intérêt pour diverses femelles et d'autres femelles manifestaient le désir de s'accoupler, mais la femelle alpha les en empêchait en s'interposant.

La femelle alpha mourut l'année suivante à la suite des blessures que lui avait infligées la femelle la plus brimée. Si elle avait survécu, elle serait probablement devenue une exclue, sort souvent réservé aux femelles alpha déchues. Elle aurait alors quitté le groupe ou en serait devenue le membre le plus soumis, pendant que la louve ayant pris sa place aurait gagné en prestige et aurait joui des privilèges sexuels associés à sa nouvelle position. Si la louve exclue s'était séparée de la bande pour vivre en liberté, elle aurait erré quelque temps avant de faire la rencontre d'un mâle solitaire et de fonder avec lui une nouvelle famille.

Si la structure sociale d'une meute est déséquilibrée par la mort d'un de ses membres importants, le système social du groupe s'effondre, ainsi que les normes habituelles d'accouplement. Dans les régions où les loups sont pourchassés ou persécutés par l'homme, par exemple, un pourcentage élevé de femelles se trouvera en mesure de procréer. Même dans le nord du Canada où l'on aurait pu croire que la faible densité de la population humaine laisserait aux loups une relative tranquillité, les biologistes commencent à soupçonner que le taux de fécondité particulièrement élevé des loups s'explique par la chasse qu'on leur fait et non par des singularités dans leur structure sociale.

CI-CONTRE : *Tel un baiser sur la joue, la « morsure du museau » exprime l'affection et l'attachement à l'égard du destinataire.*
ALAN ET SANDY CAREY

L'AMOUR MATERNEL

Lorsque le cycle œstral des femelles s'achève, l'agitation qui marquait la saison des amours se calme peu à peu. Si les femelles subordonnées ont été mises à l'écart, elles sont de nouveau admises au sein du groupe et peuvent même aider la femelle alpha à aménager sa tanière. Parfois il s'agit simplement de remettre en état une tanière utilisée antérieurement, car certaines servent pendant des décennies, parfois il faut agrandir et rafraîchir un ancien terrier de renard ou une hutte de castor abandonnée. Autrement, la femelle creusera un nouvel abri en choisissant habituellement le flanc d'une colline sablonneuse afin d'excaver sans trop de difficulté un sol encore congelé. L'abri sera situé de préférence près d'une source, d'une rivière ou d'un lac. La préparation de la tanière ou des tanières (la femelle peut en aménager plus d'une) commence environ six semaines après la conception et trois semaines avant la naissance des louveteaux. La durée de gestation d'une louve est d'environ 63 jours.

Que peut-on bien trouver à l'intérieur de la tanière du loup? Adolph Murie s'est mis en frais de le découvrir. «En me tortillant, je me suis introduit dans le terrier haut de 40 cm (16 po) et large de 60 cm (23 po). À six pieds de l'entrée du terrier se trouvait un coude. Au niveau de ce coude on apercevait une cavité arrondie et usée, de toute évidence une couche souvent utilisée par un adulte. À partir du coude, la tanière s'inclinait légèrement vers le haut sur une distance de 2 m (6 pi) en direction de la chambre des louveteaux.

C'est dans cet intérieur douillet que la louve se retire pour mettre bas. Dès qu'un des petits voit le jour, sa mère s'empresse de le lécher pour le débarrasser de son sac amniotique, puis elle sectionne le cordon ombilical d'un coup de dent et lèche à nouveau le petit pour le nettoyer et l'assécher, pour ensuite le tasser contre son flanc. Il faut trois heures à une louve pour mettre bas une portée normale de cinq ou six petits. À la naissance, ceux-ci ne peuvent que se tortiller et téter; ils ne s'intéressent qu'à la chaleur de leur mère et à son lait. Après environ deux semaines, leurs yeux s'adaptent à la lumière, difficilement au début. À trois semaines, ils peuvent marcher, mâchonner, grogner et entendre. C'est à cet âge qu'ils mettront pour la première fois la tête hors de la tanière. C'est là que le plaisir commence!

Quiconque a déjà joué avec un chiot sait à quel point ce mignon animal peut être fou et plein de vie. Eh bien, un louveteau se comporte exactement de la même façon et l'on n'a aucune peine à imaginer l'exubérance de cinq ou six loups miniatures qui folâtrent dans l'air frais du printemps. «Essaie donc de m'attraper si tu peux!... Maintenant, ne regarde pas, je vais bondir sur toi!... Vise le sort que je fais à cette vieille peau de caribou!... Vois, je suis plus fort que toi!» Tous ces ébats ont un fondement sérieux, car les

CI-CONTRE: *Trop jeunes pour sortir de la tanière, ces louveteaux se prélassent dans la chaleur bienveillante de leurs protecteurs. En dépit de ces bons soins, la moitié environ des jeunes mourront durant la première année.*
DANIEL J. COX

*Ses frères et ses sœurs à sa suite, un
louveteau sort de sa tanière pour
jouir des joies du printemps.*
DANIEL J. COX

jeunes s'initient à l'art de la chasse, apprennent les subtilités du langage corporel de leur espèce et font l'acquisition des différentes compétences sociales. Les louveteaux ne sont certes pas conscients de tout cela. Ils débordent tout simplement d'énergie et s'amusent ensemble comme des fous. D'ailleurs, peu importe son âge, un loup ne perd jamais son goût pour le jeu.

Pendant tout l'été, la tanière demeure le centre des activités de la bande. Le soir venu, les petits partent pour la chasse, parfois tous ensemble, d'autres fois individuellement ou en petits groupes. Souvent, la mère ou une gardienne demeure dans la tanière. Les chasseurs rentrent au milieu de l'avant-midi, prêts à passer une longue journée à somnoler. Cependant, avant le repos, l'arrivée de chaque nouveau loup est soulignée par un tas de louveteaux excités qui lèchent et mordent la gueule des adultes avec insistance. C'est leur façon à eux de demander leur pitance et ce comportement incitera peut-être les adultes à régurgiter une portion de viande à demi digérée. Pendant que les louveteaux engloutissent leur festin, les adultes profitent de ces quelques instants de répit.

CI-CONTRE : *La louve allaite ses petits pendant un ou deux mois, puis les sèvre au moyen de viande régurgitée à demi digérée.*
VICTORIA HURST,
FIRST LIGHT

UNE AIDE RÉCIPROQUE

L'attention des biologistes a été captée par le fait que des loups de rang inférieur prenaient part à l'élevage et aux soins des louveteaux. D'après la théorie de l'évolution, le seul but d'un organisme vivant est de devenir parent, grand-parent et arrière-grand-parent du plus grand nombre possible de descendants. De la sorte, l'individu s'assure que ses propres gènes seront bien représentés dans le bagage génétique futur de l'espèce. C'est ce qui est déterminant dans la « lutte pour la vie » — la survie des gènes dans les générations futures, là où ils pourront continuer d'influer sur le cours de l'évolution. En ce cas, pourquoi un loup qui a été primé par la force dans ses fonctions de géniteur consentirait-il à participer à l'élevage de la progéniture de ses rivaux ?

Nous l'avons vu, une meute de loups est ni plus ni moins une famille. Bien qu'on y admette parfois les étrangers, la plupart des loups non accouplés de la tanière sont les filles et les fils du couple géniteur. De surcroît, ces filles et fils sont restés de leur propre volonté auprès de leurs parents, du moins provisoirement. D'autres loups adopteront d'autres tactiques de reproduction. Lorsqu'ils atteignent l'âge de un an, la plupart d'entre eux entreprennent de brefs voyages d'exploration dans l'univers extérieur de leur territoire d'origine. Certains partiront à l'aventure pour ne plus revenir. Ils franchiront plusieurs centaines de kilomètres dans leur quête d'un partenaire valable et d'un territoire libre sur lequel fonder leur propre meute. Cela explique comment les loups du Canada ont pu repeupler le nord-ouest des États-Unis. Cependant, d'autres loups choisiront de demeurer auprès de leurs parents pendant un an ou deux, ou même toute leur vie. Certains d'entre eux souhaitent progresser dans la hiérarchie sexuelle et cherchent activement à atteindre le niveau social élevé qui leur permettra de devenir des géniteurs. D'autres se contenteront de servir de « bonnes » auprès des rejetons de la meute.

Même si le comportement de ces adultes semble être teinté d'abnégation, celle-ci leur profite aussi, car selon certains biologistes, bon nombre d'assistants demeurent en réalité à la charge du clan. Encore jeunes et inexpérimentés, ils demeureraient dans la tanière afin d'avoir accès aux prises des parents et de quémander leur nourriture aux autres membres de la meute. Reçoivent-ils plus qu'ils ne donnent ? Cette question n'a pas encore reçu de réponse claire.

Admettons que les apparences ne soient pas trompeuses et que ces loups soient véritablement des aides au sein du clan familial. Une explication de ce comportement pourrait être fournie par la théorie de l'évolution. D'un point de vue génétique, un individu a le même degré de relation à un frère ou à une sœur qu'à sa propre progéniture. Un loup qui prend soin de ses frères et sœurs plus jeunes contribue par le fait même à perpétuer ses propres gènes. En conséquence, dans un cas de vie communautaire dans la

CI-CONTRE : *Une louve patiente se laisse tarabuster par trois de ses petits. Tous les adultes de la meute s'occupent des louveteaux.*
ART WOLFE

AU VERSO : *Pourquoi marcher quand on peut courir ? Ce jeune athlète est âgé d'environ trois mois.*
DANIEL J. COX

tanière — par exemple, quand une femelle subordonnée donne naissance à des jeunes et les transporte ensuite dans la tanière du couple alpha pour qu'ils y passent leur jeunesse —, chaque femelle qui joue le rôle de bonne agit en réalité dans son intérêt.

D'une façon ou d'une autre, les jeunes louveteaux sont l'objet de soins attentionnés non seulement de la part de leurs parents, mais aussi de leurs sœurs, frères, oncles, tantes et, à l'occasion, de leurs grands-parents. Parfois, dans les premiers mois de la vie, toute la famille pourra élire domicile dans une autre tanière, la mère transportant chaque petit dans sa gueule, un à la fois. Quand les petits ont de huit à dix semaines et qu'ils sont devenus trop gros et trop indisciplinés pour rester sagement dans leur abri, le clan élit domicile en plein air, sur une «aire de rencontre». Il s'agit d'un terrain d'environ 1 000 m² (10 765 pi²) où les jeunes s'ébattent et vers lequel les adultes convergent tous les jours. La famille choisira ainsi différentes aires de rencontre jusqu'au mois de septembre, époque où recommence le cycle annuel de l'accouplement et de la mise bas.

CI-CONTRE : *Las de jouer, ce louveteau fait la sieste à l'entrée de la tanière.* DANIEL J. COX

Chapitre 3 **LE CHASSEUR ET SES PROIES**

Le jeune loup passe son premier printemps et son premier été à batifoler sous le regard bienveillant des aînés. L'automne venu, il commencera son initiation à la vie adulte, ce tournant crucial où le louveteau commence à participer à la chasse. Quand on est uniquement armé de dents, la poursuite et la capture des grands ongulés est une activité rude et périlleuse. Il y a tant de choses à apprendre! La première étape consiste à bondir sur des mulots et des bestioles dans la tanière et sur l'aire de rendez-vous; la deuxième se bornera à observer les adultes.

Dans son ouvrage intitulé *The Muskoxen of Polar Bear Pass*, David R. Gray se rappelle une journée froide de septembre où ses collègues et lui ont observé 6 loups, dont 2 jeunes, qui se dirigeaient vers un troupeau de 12 bœufs musqués, ces animaux massifs, habiles avec leurs cornes, aux sabots lourds et tranchants, solidement plantés au sol sur leurs 300 kg (660 lb). « Les loups se sont approchés à la queue leu leu à environ 100 mètres du troupeau qui resserra les rangs, puis se dispersa. Durant ces déplacements, un des loups s'étendit sur le sol pendant que deux autres encerclaient le troupeau agité. » La plupart des bœufs firent volte-face et prirent la fuite, mais le taureau dominant fit face aux attaquants. Un loup se précipita vers lui et le troupeau, épaules contre épaules, se referma en une phalange défensive.

Plusieurs loups adultes décrivirent alors des cercles autour du troupeau, tandis que les louveteaux observaient la scène à l'écart. C'est alors que deux énormes bœufs chargèrent l'un des loups adultes. Celui-ci recula un instant, puis se relança audacieusement à l'attaque tandis que les jeunes prenaient la fuite, queue entre les jambes. Chaque fois qu'un bœuf musqué chargeait un loup, un autre se précipitait et tentait de l'isoler du troupeau, mais les bœufs musqués parvenaient toujours à reformer leurs rangs. Quatre minutes après le début de l'attaque, les loups abandonnèrent la lutte et retrouvèrent les louveteaux. « Le troupeau demeura regroupé en rangs serrés pendant que tous les loups s'étendaient pour se reposer. »

CI-CONTRE : *Avec sa perception affinée des sons et des odeurs (inconnue de l'homme), le loup prospecte l'environnement. Vivre de la chasse exige vigueur, agilité et instinct aiguisé.* GLEN ET REBECCA GRAMBO

AU VERSO : *Pour garder la forme, un loup doit manger chaque année l'équivalent de 5 à 8 orignaux, ou 15 à 18 cerfs. Avec un peu de chance, il pourra vivre de 10 à 12 ans.* TOM WALKER

À bien des égards, c'était un épisode de chasse typique, spectaculaire mais sans dénouement concluant ; une chasse concertée mais loin de se dérouler avec une discipline rigide. Chaque loup savait tirer parti des ouvertures créées par l'attaque de ses congénères, et il savait unir ses efforts à ceux des autres pour tenter de soustraire un bœuf à la protection offerte par le troupeau. En d'autres circonstances, il est bien connu que les loups adoptent une stratégie beaucoup plus élaborée, qui révèle non seulement leur aptitude à réagir promptement, mais aussi leur capacité à planifier l'action projetée. Par exemple, l'un des loups pourra servir de leurre tout en attaquant et en zigzaguant pendant que les autres s'approchent en catimini pour capturer la proie qu'il a désorientée. Ou encore, un ou deux loups courront devant leur proie pour ensuite se dissimuler. Quand le reste de la bande force la proie à se déplacer, l'avant-garde attendra la victime en embuscade, prête à l'assaillir. Une fois la proie capturée, tous les loups se la partagent.

Quand ce sont des humains qui mettent en œuvre des tactiques concertées, leurs actions découlent habituellement d'une planification. Les loups ne peuvent toutefois se réunir pour discuter jusqu'à obtenir consensus. Chacun d'eux doit décider lui-même de l'attitude à prendre en se fondant sur ses comportements innés et acquis, et en agissant en fonction des circonstances. De quelle nature est le terrain ? Quelles sont les réactions de la proie ? Que font les autres loups, notamment les plus haut placés ? Nous ignorons comment les loups parviennent à faire rapidement ces choix complexes sans le soutien du langage, mais il reste qu'ils le font.

De toute évidence, une séance de chasse exige une concentration sur l'objectif et la participation de tous les acteurs. Cependant, il n'est pas rare de voir un loup se détacher de la bande pour s'accorder une brève période d'observation ou de répit — « un des loups s'étendit sur le sol pendant que deux autres encerclaient le troupeau agité » —, ou simplement pour abandonner tout effort alors même qu'aux yeux d'un observateur humain, les assaillants auraient encore des chances de réussir. Les loups observés par Gray n'étaient-ils pas suffisamment affamés pour poursuivre l'attaque (ils avaient en effet une carcasse à leur disposition tout près) ou percevaient-ils qu'en poursuivant l'attaque, ils gaspilleraient de l'énergie ? Vouloir tuer une proie ne signifie nullement qu'on est en mesure de le faire. Après tout, les loups ont évolué parallèlement à leurs proies ; au cours d'innombrables générations, tous les animaux ont harmonisé leurs réactions avec celles des autres. Chaque progrès dans l'aptitude à tuer du loup a été compensé par une augmentation de l'aptitude de la proie à protéger sa vie.

À la queue leu leu, une meute
franchit une épaisse couche de
neige. Nul ne sait comment les
loups pistent leur proie. Pourtant,
ils font des choix judicieux et
poursuivent leur but sans faillir.
DANIEL J. COX

Quoiqu'il attaque aussi de petites
proies tel le castor, le loup recherche
surtout le cerf à queue blanche,
l'élan, l'orignal, le caribou et,
comme ici, le mouflon d'Amérique.
Ses prises constituent une
importante source de protéines pour
des dizaines de mammifères et
d'oiseaux, telle la pie.
THOMAS MANGELSEN

L'ÉQUILIBRE NATUREL

La lutte entre le prédateur et la proie est un combat à armes égales. Les bœufs musqués ont l'avantage de leur formation défensive : corps orientés vers l'intérieur et têtes tournées vers l'agresseur, leurs flancs sont ainsi protégés et leurs armes déployées. Les caribous ont pout eux l'imprévisibilité de leurs migrations qui les rend difficiles à repérer, ainsi que leur comportement (en effet, il est difficile de tuer un animal au sein d'un troupeau en pleine débandade). Les caribous et les autres cervidés ont acquis la capacité de courir un peu plus rapidement que leurs ennemis. Les chèvres des Rocheuses, quant à elles, peuvent s'enfuir en escaladant des parois escarpées que les prédateurs ne peuvent franchir. Les loups ont été l'un des principaux moteurs de l'évolution de l'orignal, de l'élan, du bison et du mouton de montagne. Ce dernier, proie par élection du loup, est particulièrement habile à esquiver ses attaques. Comme le disait le poète Robinson Jeffers : « Qu'est-il de plus preste que la dent du loup sinon le pied de l'antilope ? »

Il n'est pas étonnant que le loup n'ait pas la capacité de tuer une proie en parfaite condition physique. Il faut admettre que, fréquemment, il ne s'en donnera même pas la peine. Les biologistes croient que le loup tente de déceler chez la proie éventuelle des faiblesses qui permettront une capture aisée. Il testera le troupeau de caribous en le poursuivant pendant quelques minutes. Si ces animaux demeurent regroupés et s'enfuient rapidement, le loup se désintéressera immédiatement d'eux, mais si l'un d'eux trébuche ou prend du retard, l'agresseur en tirera rapidement parti. L'attaque éclair contre les bœufs musqués n'était peut-être qu'un de ces tests. Comme tous les individus du troupeau semblaient en pleine possession de leurs moyens, les loups abandonnèrent la partie. C'est ainsi que se terminent d'ailleurs la plupart des chasses. Les prédateurs n'attrapent leur proie qu'une fois sur dix.

Qu'est-ce qui joue en défaveur de l'ongulé dans cette triste statistique ? Peut-être est-il atteint d'une maladie infectieuse ou est-il gravement infesté de parasites ? Peut-être ses déplacements sont-ils ralentis par une blessure ou par l'âge ? Peut-être est-il taré génétiquement ? Peut-être la population d'ongulés est-elle trop importante pour les ressources alimentaires dont elle peut disposer ? Dans tous les cas, le loup sert sans le vouloir l'intérêt des espèces qu'il pourchasse en éliminant les sujets malades ou affaiblis, et il devient de ce fait un agent de régulation de leur population. Il va de soi que si le loup contribue à supprimer les animaux tarés ou malades, ceux qui sont sains et vigoureux — et leur progéniture — trouveront alors amplement de quoi se nourrir.

Ce phénomène d'équilibre a été constaté à l'Isle Royale, dans le lac Supérieur, où le nombre d'orignaux a chuté dans les années 40 par suite de la surpopulation et de la surexploitation de leurs terrains de pâture. Cependant, après l'introduction dans l'île

CI-CONTRE : *Un loup en quête de poissons traverse Brooks Falls, dans le parc national de Katmai, en Alaska. Cet animal peut capturer jusqu'à cinq poissons en quinze minutes.* JOHNNY JOHNSON

L'Isle Royale, écosystème très simple,
ne renferme qu'un seul gros
carnivore (le loup) et un seul ongulé
(l'orignal). Ailleurs, les systèmes
prédateur-proie sont beaucoup plus
complexes, car loup, coyote, cougar,
grizzly et autres carnivores se
partagent les différentes espèces de
cerfs. DANIEL J. COX

d'une petite population de loups à la fin de cette décennie, les orignaux se sont progressivement multipliés jusqu'à atteindre environ 600 en 1960, et 1 500 en 1970. David Mech, qui les a étudiés durant cette période, est arrivé à la conclusion que les loups sacrifiaient à leur appétit d'abord et avant tout des animaux âgés et affaiblis. Même si ces prédateurs s'en prenaient aussi à de jeunes sujets, ces pertes étaient compensées par le potentiel de reproduction de ces ongulés. Un tel exemple renforce une opinion séculaire : entre le prédateur et la proie s'installe un équilibre subtil, un cycle de fluctuations réciproques des populations, fluctuations toujours proches du point neutre. Dans ses grandes lignes, cette opinion a encore force de loi.

CI-CONTRE : *Comme l'observait David Mech en 1970, le rôle que joue le loup à l'égard de « la stabilité des communautés naturelles » devrait suffire pour qu'on s'intéresse à sa survie. Entre autres raisons...*
DANIEL J. COX

*La queue entre les jambes, un loup
s'enfuit devant un grizzly. Même
si l'ours l'emporte ici, les deux
animaux sont de force égale et la
lutte à l'égard d'une carcasse peut
être remportée par l'un ou par
l'autre de ces carnivores.*
RICH KIRCHNER

88 **Loups**

EFFONDREMENT ET CHAOS

On trouve toutefois des exceptions à cet équilibre des systèmes prédateur-proie. Dans la même Isle Royale, au début des années 70, le territoire et les animaux eurent à subir quelques hivers très rigoureux. Empêtrés dans la neige profonde, affaiblis et à moitié morts de faim, les orignaux jeunes et vieux devinrent une proie facile pour une population de loups importante et vigoureuse. Celle des orignaux s'effondra pour atteindre au milieu de cette décennie la moitié de ce qu'elle avait déjà été. Les loups, par ailleurs, se multiplièrent ; en 1980, leur nombre avait triplé. Il semble que les jeunes orignaux qui avaient grandi pendant les temps difficiles demeurèrent toute leur vie des proies vulnérables. Les loups purent donc continuer à faire bombance même après que la population d'orignaux eut décru. Finalement, par un malencontreux concours de circonstances — malnutrition, luttes internes et maladie —, le nombre de loups se réduisit de 50 à 14 individus. Depuis ce temps, bien que les populations d'orignaux se soient tout à fait rétablies, la fortune des loups est demeurée précaire. Pour des raisons encore obscures (unions consanguines ou maladies peut-être ?), leur population s'est sporadiquement ressaisie, puis éteinte.

De toute évidence, le ballet dansé par les prédateurs et les proies n'est pas toujours élégant ni harmonieux. Les populations de prédateurs et de proies n'atteignent pas toujours un équilibre parfait. Prenons le cas du troupeau de caribous de Spatsizi dans le nord de la Colombie-Britannique. À la fin des années 70, les biologistes ont constaté que leur nombre déclinait rapidement parce que les animaux donnaient naissance à trop peu de jeunes. Que se passait-il donc ? Est-ce que les femelles ne pouvaient plus devenir gravides ? Non, ce ne pouvait être le cas, car en mai, près de 90 % d'entre elles avaient de grosses mamelles, signe qu'elles étaient sur le point de mettre bas. Est-ce que les nouveau-nés périssaient au cours des tempêtes printanières ? Pas du tout ! Quand les chercheurs escaladèrent les montagnes en juin à la recherche des caribous, ils aperçurent de nombreux jeunes, solides sur pattes et en bonne santé. Les trois quarts des femelles avaient mis bas. Pourtant, au début de juillet, presque tous les jeunes avaient disparu, dévorés par des grizzlys, des gloutons et... des loups. Les excréments frais de loup, recueillis puis analysés sur les territoires de mise bas, révélaient le contenu de 1 % de chair de caribou, même si la région recelait également des orignaux.

Dans ce cas-ci, l'effondrement de la population de caribous n'avait pas son équivalent dans la population de ses prédateurs. Pendant presque toute l'année, les loups, pour nourrir leurs petits dont le nombre se maintenait à un niveau raisonnablement élevé, auraient pu se rabattre sur les orignaux, les castors ou d'autres proies. En juin toutefois, tous ces canidés affamés se tournaient vers les festins présents sur le territoire de mise bas des caribous. Enivrés par la perspective d'une chasse facile, ils tuaient parfois davantage qu'ils ne consommaient et pouvaient, avec l'aide de quelques autres prédateurs, anéantir presque toute la « récolte » de jeunes caribous.

Dans l'esprit de certains, c'est la preuve évidente que le loup est un animal sans foi ni loi qui devrait faire preuve de plus de décence et d'un sens plus aigu des responsabilités. Cette vue est bien entendu une aberration. Le loup est un prédateur. Son « devoir » consiste à tuer pour assurer sa subsistance et celle de sa progéniture ; c'est ce qu'on attend de lui. Son attitude face à la proie n'est pas inhibée par des principes moraux ; elle obéit plutôt à des mécanismes naturels complexes. En règle générale, les loups ne se multiplient pas de manière anarchique jusqu'au point de tout dévorer dans leur territoire. Bien que leur population croisse ou décroisse en fonction des ressources alimentaires, ces fluctuations sont tempérées par les forces stabilisatrices qui régissent leur vie sociale. La territorialité proportionne le nombre de meutes à la superficie d'une région donnée ; les interactions sociales ont un effet régulateur sur le nombre de naissances au sein de chacune des meutes. Même si ces mécanismes n'imposent pas de plafond à la population (contrairement à ce que l'on a déjà cru), ils empêchent malgré tout les loups de se reproduire à un rythme qui risquerait de tarir leur source de nourriture. Ainsi, sur une période prolongée et dans de vastes territoires, le loup et ses proies trouvent un terrain d'entente.

Sur une période prolongée et dans de vastes territoires, soit. Mais à court terme et selon les circonstances, le loup est capable de précipiter ses proies ainsi que lui-même vers un déclin de population ou du moins, d'accentuer la tendance en ce sens. On suppose que ces déclins correspondent à la partie descendante de cycles naturels autogérés, cycles dont nous, humains, voyons rarement la fin, faute de patience.

LES LOUPS ET L'INTERVENTION HUMAINE

C'est dans ce brouillard d'incertitude que les fonctionnaires chargés de la protection de la faune doivent prendre les décisions concernant la «gestion» du loup. Un autre facteur reste à envisager, bien qu'il soit lui-même un faisceau de contradictions: quel «usage» l'homme doit-il faire des animaux? Si les chasseurs se reconnaissent le droit de prélever des orignaux ou des caribous parmi des populations en déclin, ils n'apprécieront pas forcément de se voir concurrencer par notre prédateur à quatre pattes. Pourquoi devraient-ils attendre que s'achève un cycle naturel long et incertain au lieu de contribuer à l'équilibre de la nature en supprimant des loups? Pourquoi réserver à ces prédateurs le privilège de freiner le taux d'accroissement d'une population de cerfs s'ils peuvent eux-mêmes, en éliminant des loups, augmenter le nombre de proies qui seront disponibles à l'avenir pour l'homme comme pour le loup?

Nos prédécesseurs avaient trouvé une solution radicale à ce problème: l'extermination des loups sans aucune restriction. Malheureusement, il se trouve encore des tenants de cette solution. On se rappellera ceux qui en 1994, dans le sud-est de l'Alberta, se mirent en devoir d'abattre plus de 40 loups, soit environ les 75 % d'une population en voie de reconstitution sur le versant est des Rocheuses canadiennes. Toutefois, la plupart des gens ne veulent plus entendre parler de massacres. Nous prenons conscience du fait que le monde de la faune appartient à la Terre, tout comme nous. «Le loup, comme les autres espèces, a le droit de poursuivre son existence dans la nature sauvage», affirme-t-on dans le manifeste publié par le Wolf Specialist Group de l'Union internationale pour la conservation de la nature. «Ce droit n'est pas assujetti à la valeur que le loup pourrait revêtir pour l'homme. Il découle plutôt du droit de tous les êtres vivants à la coexistence avec l'homme en tant que partie intégrante des écosystèmes naturels.»

Autant il serait insensé de vouloir tout s'approprier, autant il serait irréaliste d'exiger qu'on ne porte plus jamais atteinte au loup. Personnellement, je n'ai jamais enlevé la vie à un animal plus gros qu'un poisson ou plus mignon qu'une souris. Quand je trouve une abeille ou une araignée chez moi, je la dépose à l'extérieur de la maison. Cependant, j'ai déjà consommé beaucoup d'animaux morts et j'ai de la considération pour les personnes qui élèvent et abattent ces animaux à ma place. Si certains loups prennent l'habitude d'attaquer le bétail, il semble raisonnable de les identifier et de les éliminer. Si les éleveurs prennent les précautions nécessaires pour protéger leurs troupeaux, en s'assurant par exemple que les agneaux et les veaux naissent sous surveillance adéquate, en évitant de conduire les troupeaux vers des pâturages éloignés et en débarrassant leurs terres des carcasses à l'abandon, l'incidence de la prédation par le loup sera très faible. Quand les proies sauvages abondent, peu de loups se rabattent sur le cheptel bovin et ovin.

Les fermiers et propriétaires de ranches qui pratiquent l'agriculture suivant des normes élevées méritent de recevoir une compensation équivalente à la valeur marchande des pertes subies par le fait des loups. Nous devons être prêts à payer ce prix soit par des mesures fiscales, ou si les gouvernements s'opposent à cette solution, par l'intermédiaire de souscriptions privées. Les Defenders of Wildlife, la Société pour la protection des parcs et des sites naturels du Canada, ainsi que d'autres groupes écologiques canadiens et américains possèdent un fonds soutenu par des dons, à partir duquel on peut verser des compensations aux éleveurs. C'est la politique adoptée par ces organisations, car, exiger des éleveurs qu'ils assument eux-mêmes le coût de la prédation effectuée par les loups constituerait une injustice grave. Ce serait de surcroît une maladresse. Il suffirait de s'appuyer sur un groupe de personnes agissant avec détermination et dans la légalité, et soucieuses de faire valoir leurs idées. Leur plan d'action viserait non seulement la protection des loups, mais également l'adoption de lois en faveur du rétablissement de leurs populations. Qu'on songe ici à l'American Endangered Species Act qui pourrait servir de modèle à un projet de loi fédérale au Canada.

Cette prise de conscience a eu des effets sur la récente décision de réintroduire le loup dans le parc national de Yellowstone et dans le nord de l'Idaho. Les fonctionnaires locaux responsables de la faune étaient d'avis de s'en remettre au processus lent mais sûr du repeuplement naturel qui devait, selon eux, courir sur une période d'environ trente ans. Si les loups étaient réapparus de leur propre chef, ils auraient été automatiquement sous le couvert du Endangered Species Act. Cependant, en 1995, on a préféré importer du nord de l'Alberta 29 animaux (d'autres spécimens devaient l'être dans les années suivantes) à titre de «population expérimentale», dénomination qui laisse aux spécialistes de la faune davantage de latitude pour régler le sort des loups considérés comme des «cas problèmes». Ce n'est pas une solution idéale, car elle met le loup en péril, mais elle est peut-être astucieuse sur le plan politique. La pierre de touche de cette expérience sera la survie assurée d'une vigoureuse population de loups qui serait le fruit d'un programme de conservation établi sur une base juridique et adéquatement subventionné.

CI-CONTRE : *Le loup est vigoureux, curieux et, du point de vue de l'homme, rebelle, à peine plus facile à dompter que notre propre espèce. Les loups visibles ici prennent plaisir à se bousculer les uns les autres.*
ALAN ET SANDY CAREY

PAR-DELÀ LA SURVIE

L'avenir du loup n'est pas une question de biologie. De nos jours, peu d'espèces menacées sont aussi bien placées que le loup pour effectuer un retour glorieux. Intelligent et souple, le loup peut composer avec un certain degré d'activité humaine. Pour peu qu'on s'abstienne d'en abattre un trop grand nombre (ce qui semble beaucoup demander en certains endroits), cet animal est relativement peu importuné par la présence d'habitations, d'exploitations minières ou agricoles, de villes et d'autoroutes à circulation dense. Même après avoir été décimée, une population de loups sait souvent se reconstituer rapidement. Contrairement à la plupart des prédateurs, le loup se reproduit sans tarder, surtout quand son système social se désagrège et que les animaux subordonnés ainsi libérés ont la possibilité de s'accoupler. Tenace, plein de ressources, le loup est une force de l'évolution dynamique qui parvient à surmonter tous les obstacles pour peu qu'on lui en laisse la chance.

Le loup a même survécu aux programmes discutables de « réduction des populations » mis en œuvre récemment en Alaska et au Yukon. L'extermination de dizaines, voire de centaines de loups dans une région donnée ne constitue pas une menace à la survie de l'espèce, à condition qu'il en reste suffisamment pour injecter du sang neuf. Cette réduction peut même entraîner un accroissement de la taille des populations *à condition que* les biologistes ne se trompent pas en affirmant que les petits troupeaux d'ongulés, temporairement à l'abri de prédateurs, en profitent pour s'agrandir et atteindre des niveaux supérieurs aux précédents. Le calcul des scientifiques vise la productivité ; leur objectif est de fournir davantage d'orignaux, de caribous, de loups, de gibier pour les fournisseurs d'équipements sportifs, davantage de viande pour la chasse de subsistance, et davantage de vie sauvage à contempler pour les touristes et les voyagistes.

Il y a pourtant un coût caché à ces gains escomptés : la souffrance des loups. Elle demeurait invisible jusqu'à ce que le biologiste Gordon Haber, travaillant pour le compte de l'Alaska Wildlife Alliance, ait filmé sur vidéo, en 1994, les affres de la mort des victimes de la réduction des populations en Alaska. Un jeune louveteau qui tentait de se dégager d'un piège s'était sectionné la patte jusqu'à l'épaule. Quand ces images ont été rendues publiques, la chasse au loup a immédiatement été suspendue. Pour combien de temps ? Il est fort probable que la réduction des populations de loups restera une formule appliquée par les gestionnaires de la faune dans les régions où vivent beaucoup de loups. Endurcis et insensibles aux souffrances des animaux — « de toute façon, ils connaissent toujours une mort atroce » —, sommés par leur clientèle de créer des conditions propices à la chasse, les spécialistes de la faune ont peu de marge de manœuvre. Quand une population d'ongulés connaît un déclin, on peut restreindre ou même interdire la chasse pendant un certain temps, et c'est ce qui se fait fréquemment, mais on ne peut corriger les abus de la saison de chasse précédente ni prévoir les rigueurs de l'hiver à venir. Quelle solution reste-t-il? Réduire les populations de loups.

Je considère qu'il est des moments où il est justifié d'abattre des loups pour aider les troupeaux d'ongulés à se reconstituer. Je préconiserais cette mesure pour protéger de l'extinction un reliquat de population de caribous des bois. Je l'approuverais pour le bien des peuplades qui vivent de la chasse et sont menacées de disette. Les souffrances du loup seraient, à mon sens, justifiées en de telles circonstances, au nom de la préservation de la diversité biologique et culturelle. Cependant, il est odieux d'exterminer les loups en grand nombre, année après année, décennie après décennie, sous prétexte de gérer la population d'ongulés, même si ces pertes sont en théorie justifiables. Nul doute que nous souhaitons aux loups un sort meilleur que celui de fugitifs en quête de survie. Après toutes les persécutions que nous leurs avons infligées, nous sommes certainement disposés à accorder aux loups survivants une certaine accalmie.

En tant qu'espèce, le loup a droit à plus que la simple survie. Il a droit à des forêts, à des plaines et à des vallées regorgeant de cerfs, de caribous et d'orignaux. Il a droit à la sécurité et à l'espace, à de vastes étendues de territoires sauvages aptes à accueillir de grandes populations de prédateurs et de proies prospères. Dans la mesure du possible, nous devrions les laisser jouir de cet héritage en toute tranquillité. Entre-temps, nous avons beaucoup à faire. Les mesures juridiques et administratives qui ont servi à protéger le loup et d'autres espèces au cours des dernières décennies sont fragiles et fragmentaires. Là où elles existent, elles pourraient être révoquées d'un trait de plume. Là où elles n'existent pas, comme au Canada, leur absence se fait cruellement sentir. Il est également urgent d'imposer de nouvelles normes, telles que la proposition du Fonds mondial pour la nature de créer des zones de conservation qui étendraient les limites de la zone de protection pour les grands carnassiers au-delà des parcelles de nature sauvage qu'on leur a réservées sous le nom de «parcs». Si elles doivent survivre aux politiques mesquines des années 90 et à venir, de telles initiatives devront être conduites avec une ferme détermination.

Si elles doivent survivre... Nous sommes à la fin d'un après-midi dans la toundra, au creux de la vallée des loups. L'air est immobile. Depuis que les louveteaux sont partis il y a quelques jours, les adultes semblent s'être évanouis à leur tour. Plus rien ne les retient en ces lieux. Une brise légère se lève et caresse les flancs de la colline. Le chant lancinant d'un loup flotte un moment dans l'air. Dans la ravine, nous distinguons le mâle dominant

dont la blancheur du pelage contraste avec le gris-vert de la pente. Ses hurlements sont posés, mélancoliques. Quand il se tait, un lourd silence s'installe.

Le loup s'étend derrière un rocher pour dormir. Une demi-heure s'écoule. Le voici debout, agitant la queue de bonheur. Une louve venue de nulle part a répondu à son appel. Les têtes se rapprochent, les museaux se frôlent. Les queues remuent follement de joie. Saisissant l'âme du moment, nous, les observateurs, ne pouvons nous empêcher de sourire.

Nous, êtres humains, ne sommes pas seuls sur cette planète. Nous sommes les Fils et les Filles des lichens, du vent et des étoiles. Ces phénomènes devraient nous rappeler que nous aussi sommes des créatures de la Nature. En nous inspirant d'elle, peut-être trouverons-nous la force d'agir dans le sens de nos propres intérêts vitaux car, en protégeant le loup, c'est nous-mêmes que nous protégeons, corps et âme.

CI-CONTRE : *Le loup est le gardien de la nature. Il a droit de vivre en paix et nous avons droit à son amitié.* DENVER BRYAN

AU VERSO : *Compagnons.* ALAN ET SANDY CAREY

La voix... RICH KIRCHNER

100 **Loups**

RÉFÉRENCES BIBLIOGRAPHIQUES

Les articles scientifiques et les ouvrages sur les loups sont légion. La liste suivante est donc sélective. Les entrées avec astérisque correspondent à des ouvrages dont nous recommandons la lecture.

Les cartes de la page 8 sont basées sur les données fournies par l'European Wolf Network, l'International Wolf Center, le ministère des Ressources naturelles de l'Ontario ainsi que la Ontario Trappers Association.

OUVRAGES GÉNÉRAUX

BRANDENBURG, Jim. *Brother Wolf: A Forgotten Promise*, Minocqua, Minnesota, North Word, 1993.

*CARBYN, Ludwig N. «Gray Wolf and Red Wolf», dans *Wild Furbearer Management and Conservation in North America*, sous la direction de M. Novak, G.A. Baker, M.E. Obbard et B. Malloch, Toronto, Ontario Trappers Association et ministère des Ressources naturelles de l'Ontario, 1987, p. 359-376.

HALL, Roberta L. et Henry S. SHARP, directeurs. *Wolf and Man: Evolution in Parallel*, New York, Academic Press, 1978.

HARRINGTON, Fred, H. et Paul C. PAQUET, directeurs. *Wolves of the World: Perspectives on Behavior, Ecology, and Conservation*, Park Ridge, New Jersey, Noyes Publications, 1982.

*HUMMEL, Monte et Sherry PETTIGREW. *Wild Hunters: Predators in Peril*, Toronto, Key Porter Books, 1991.

International Wolf Center. *Wolves of the High Arctic*, photographies de L. David Mech, Stillwater, Minnesota, Voyageur Press, 1992.

*MECH, L. David. *Le loup*, Saint-Laurent, Québec, Éditions du Trécarré, 1989.

*———, *The Wolf: The Ecology and Behavior of an Endangered Species*, Garden City, New York, American Museum of Natural History and Natural History Press, 1970.

Wolves and Humans 2000: A Global Perspective for Managing Conflict, programmes et extraits d'un symposium international, Duluth, Université du Minnesota et International Wolf Center, 1995.

Zimen, Erik, *The Wolf: His Place in the Natural World*, Londres, Souvenir Press, 1981.

Chapitre 1 **LA MAGIE DU LOUP**

BERNARD, Daniel. *L'Homme et le Loup*, Paris, Éditions Libre Expression, 1981.

CARBYN, Ludwig N. «Canada's 50,000 wolves», dans *International Wolf*, vol. 4, n⁰ 4, 1994, p. 3-8.

———, «Wolf population fluctuations in Jasper National Park, Alberta, Canada», dans *Biological Conservation*, vol. 6, 1974, p. 94-101.

———, *Wolves in Canada and Alaska*, Canadian Wildlife Service Report Series, n⁰ 25, 1983.

HEARD, Douglas C. *Historical and Present Status of Wolves in the Northwest Territories*, Northwest Territories Renewable Resources Information Series Rapport, n⁰ 4, 1984.

HENRIKSEN, Georg. *Hunters in the Barrens: The Naskapi on the Edge of White Man's World*, St. John's, université Memorial de Terre-Neuve, 1973.

JENNESS, Stuart, E. «Arctic wolf attacks scientist: a unique Canadian incident», dans *Arctic*, vol. 38, 1985, p. 129-132.

LINDERMAN, Frank B. *Plenty-Coups: Chief of the Crows*, Lincoln, University of Nebraska Press, 1962.

*LOPEZ, Barry Holstun. *Of Wolves and Men*, New York, Charles Scribner's Sons, 1978.

MOWAT, Farley. *Mes amis les loups*, Paris, Arthaud, 1974.

NEUMANN, Erich. *The Great Mother: An Analysis of the Archetype*, Princeton, New Jersey, Princeton University Press, 1963.

OKARMA, Henryk. «Status and management of the wolf in Poland», dans *Biological Conservation*, vol. 66, 1993, p. 153-158.

PROMBERGER, Christoph, Wolf SCHRODER, et Doris HOFER. «The European Wolf Network: coordinating national conservation efforts to a European campaign», dans *Wolves and Humans 2000: A Global Perspective for Managing Conflicts*, programme et extraits d'un symposium international, Duluth, Université du Minnesota et International Wolf Center, 1995.

RANDI, E., V. LUCCHINI, et F. FRANCISCI. «Allozyme variability in the Italian wolf (*Canis lupus*) population», *Heredity*, vol. 71, 1993, p. 516-522.

RAY, Dorothy Jean. *Eskimo Masks: Art and Ceremony*, Toronto, McClelland and Stewart, 1967.

SCHMIDT, Joel. *Dictionnaire de la mythologie grecque et romaine*, Larousse, 1993.

SETON, Ernest Thompson. *Lives of Game Animals*, Boston, C.T. Branford, 1953 [1909].

WALKER, Barbara G. *The Woman's Encyclopedia of Myths and Secrets*, San Francisco, Harper and Row, 1983.

Chapitre 2 **VIE SAUVAGE**

BROMLEY, Robert G. « Fishing behaviour of a wolf on the Taltson River, Northwest Territories », dans *Canadian Field-Naturalist*, vol. 87, 1973, p. 301-303.

CARBYN, Ludwig N. « Territory displacement in a wolf population with abundant prey », dans *Journal of Mammalogy*, vol. 62, 1981, p. 193-195.

CRISLER, Lois. *Arctic Wild*, New York, Harper and Brothers, 1958.

DERIX, Ruud, Jan VAN HOOFF, Hans DE VRIES et Joep WENSING, « Male and female mating competition in wolves: female suppression vs. male intervention », *Behaviour*, vol. 127, 1993, p. 141-171.

HARRINGTON, Fred H. « Urine-marking and caching behaviour in the wolf », dans *Behaviour*, vol. 76, 1981, p. 280-288.

HARRINGTON, Fred H., David MECH, et Steven H. FRITTS, « Pack size and wolf pup survival: their relationship under varying ecological conditions », dans *Behavioral Ecology and Sociobiology*, vol. 13, 1983, p. 19-26.

JOSLIN, Paul W.B., « Movements and home sites of timber wolves in Algonquin Park », dans *American Zoologist*, vol. 7, 1967, p. 279-288.

KLINGHAMMER, Erich, directeur. *The Behavior and Ecology of Wolves*, New York, Garlan STPM Press, 1979.

KUYT, E. « Movements of young wolves in the Northwest Territories of Canada », dans *Journal of Mammalogy*, vol. 43, 1962, p. 270-271.

LEHMAN, Niles, Peter CLARKSON, L. David MECH, Thomas J. MEIER, et Robert K. WAYNE. « A study of the genetic relationships within and among wolf packs using DNA finger-printing and mitochondrial DNA », dans *Behavioral Ecology and Sociobiology*, vol. 30, 1992, p. 83-94.

MECH, L. David. «Buffer zones of territories of gray wolves as regions of intraspecific strife», dans *Journal of Mammalogy*, vol. 75, 1994, p. 199-202.

————, «Wolf-pack buffer zones as prey reservoirs», dans *Science*, vol. 198, 1977, p. 320-321.

*MURIE, Adolph. *The Wolfes of Mount McKinley*, Fauna of the National Parks of the United States, Fauna Series n°. 5, 1971, [1941].

PACKARD, Jane M. et L. David MECH, «Population Regulation in Wolves», dans *Biosocial Mechanisms of Population Regulation*, sous la direction de M.N. Cohen et coll., New Haven, Yale University Press, 1980 p. 135-150.

PETERSON, Rolf O. *Wolf Ecology and Prey Relationship on Isle Royale*, National Park Service Scientific Monograph Series 11, 1977.

RABB, George B., Jerome H. WOOLPY et Benson E. GINSBURG. «Social relationships in a group of captive wolves», dans *American Zoologist*, vol. 7, 1967, p. 305-311.

SAVAGE, Arthur et Candace SAVAGE. *Wild Mammals of Western Canada*, Saskatoon, Saskatchewan, Western Producer Prairie Books, 1981.

SCHENKEL, Rudolf. «Submission: its features and function in the wolf and dog», dans *American Zoologist*, vol. 7, 1967, p. 319-320.

THEBERGE, John B. *Wolves and Wilderness*, Toronto, Dent, 1975.

THEBERGE, John B. et Bruce J. FALLS. «Howling as a means of communication in timber wolves», dans *American Zoologist*, vol. 7, 1967, p. 331-338.

WOOLPY, Jerome H. et Benson E. GINSBURG. «Wolf socialization: a study of temperament in a wild social species», dans *American Zoologist*, vol. 7, 1967, p. 357-363.

Chapitre 3 **LE CHASSEUR ET SES PROIES**

ALVISTUR, Jose. « Alaska's official wolf slaughter suspended », dans *Colorado Wolf Tracks*, vol. 4, n° 4, 1995, p. 6.

BALLARD, Warren B., Jackson S. WHITMAN et Craig L. GARDNER. « Ecology of an exploited wolf population in south-central Alaska », dans *Wildlife Monographs*, vol. 98, 1987.

BERGERUD, A.T., W. WYETT et B. SNIDER. « The role of wolf predation in limiting a moose population », dans *Journal of Wildlife Management*, vol. 47, 1983, p. 977-988.

* BOUTIN, Stan. « Predation and moose population dynamics : a critique », dans *Journal of Wildlife Management,* vol. 56, 1992, p. 116-127.

CARBYN, Ludwig N. « Management of non-endangered wolf populations in Canada », dans *Acta Zool. Fennica*, vol. 174, 1983, p. 239-243.

———, « Wolf predation on elk in Riding Mountain National Park, Manitoba », dans *Journal of Wildlife Management*, vol. 47, 1983, p. 963-976.

CARBYN, L.N., S.M. OOSENBRUG, et D. W. ANIONS. *Wolves, Bison and the Dynamics Related to the Peace-Athabasca Delta in Canada's Wood Buffalo National Park*, Canadian Circumpolar Research Institute Research Series N° 4, 1993.

DECKER, Daniel, J. et Tommy L. Brown, « How animal rightists view the "wildlife management-hunting system", dans *Wildlife Society Bulletin*, vol. 15, 1987, p. 599-602.

FRITTS, Steven H. et Ludwig N. CARBYN. « Population viability, nature reserves, and the outlook for gray wolf conservation in North America », dans *Restoration Ecology*, vol. 3, 1995, p. 26-38.

FRITTS, Steven, William J. PAUL et L. David MECH. « Can relocated wolves survive ? », dans *Wildlife Society Bulletin*, vol. 13, 1985, p. 459-463.

FULLER, Todd K. *Guidelines for Gray Wolf Management in the Northern Great Lakes Region*, Ely, Minnesota, International Wolf Center, 1995.

GRAY, David R. *The Muskoxen of Polar Bear Pass*, Toronto, Fitzhenry and Whiteside, 1987.

HABER, Gordon C. «The balancing act of moose and wolves», dans *Natural History*, vol. 89, n° 10, 1980, p. 38-51.

«He Said, We Said», *Nature Canada*, vol. 22, n° 4, 1993, p. 28-29.

LIDLE, Janet, directrice. *Wolf!*, (Bulletin trimestriel indépendant, consacré à la survie du loup dans la nature et à son bien-être en captivité), vol. 4, n° 3, 1989; vol. 5, n°s 1-4, 1987.

MARTY, Sid. «A killing season in the Rockies», dans *Canadian Geographic*, vol. 115, n° 3, 1995, p. 17.

MECH, L. David. *The Wolves of Isle Royale*, Fauna of the National Parks of the United States, Fauna Series n° 7, 1996.

MESSIER, François et Michel CRÊTE, «Moose-wolf dynamics and the natural regulation of moose populations», dans *Œcologia*, vol. 65, 1985, p. 503-512.

MILLER, D.R. «Observations of wolf predation on barren ground caribou in winter», dans *First International Reindeer and Caribou Symposium*, Biological Papers of the University of Alaska, Special Report n° 1, 1975, p. 209-220.

MILLER, Frank L, Anne GUNN et Eric BROUGHTON. «Surplus killing as exemplified by wolf predation on newborn caribou», dans *Canadian Journal of Zoology*, vol. 63, 1985, p. 295-300.

NELSON, Michael E. et L. David MECH. «Observation of a wolf killed by a deer», dans *Journal of Mammology*, vol. 66, 1985, p. 187-188.

OBEE, Bruce. «Wolves of British Columbia: predator or prey?», dans *Wildlife Review*, été 1984, p. 5-25.

PIMLOTT, Douglas H. «Wolf control in Canada», dans *Canadian Audubon Magazine*, Canadian Wildlife Service, 1961.

RAMSAY, M. et D.R. SEIP, directeurs. «Symposium on wolf predation», université Simon Fraser, 1er décembre 1978.

SEIP, Dale R. «Factors limiting woodland caribou populations and their interrelationships with wolves and moose in southeastern British Columbia», dans *Canadian Journal of Zoology*, vol. 70, 1992, p. 1494-1503.

THEBERGE, John et David A. GAUTHIER. «Models of wolf-ungulate relationships: where is wolf control justified?», dans *Wildlife Society Bulletin*, vol. 13, 1985, p. 449-458.

THURBER, Joanne M. et Rolf O. PETERSON. «Effects of population density and pack size on the foraging ecology of gray wolves», dans *Journal of Mammalogy*, vol. 74, 1993, p. 879-889.

THURBER, Joanne M., Rolf O. PETERSON, Thomas D. DRUMMER, et Scott A. THOMASMA. «Gray wolf response to refuge boundaries and roads in Alaska», dans *Wildlife Society Bulletin*, vol. 22, 1994, p. 61-68.

PROGRAMMES DE COMPENSATION POUR LES ÉLEVEURS DE BÉTAIL

Pour se renseigner plus à fond sur les programmes de compensation pour les éleveurs ayant subi des pertes de bétail à cause de la prédation exercée par les loups ou d'autres grands prédateurs, le lecteur s'adressera aux organisations suivantes.

En Alberta, un programme a été mis sur pied grâce à la collaboration de plusieurs organismes, dont la

Waterton Natural History Association
B.O. Box 145
Waterton, Alberta, T0K 2M0

et la

Société pour la protection des parcs et des sites naturels du Canada
P.O. Box 608, Sub P.O. Box 91
University of Calgary
Calgary, Alberta, T2N 1N4

Ce programme compte sur les dons pour sa survie ; les contributions du public sont donc toujours les bienvenues.

INDEX